개똥밭에 굴러도
이승이 좋다더니!

**개똥밭에 굴러도
이승이 좋다더니!**

펴낸날 2025년 8월 29일

지은이 박익순
펴낸이 주계수 | **편집책임** 이슬기 | **꾸민이** 전은정

펴낸곳 밥북 | **출판등록** 제 2014-000085 호
주소 서울특별시 마포구 양화로 156 LG팰리스빌딩 917호
전화 02-6925-0370 | **팩스** 02-6925-0380
홈페이지 www.bobbook.co.kr | **이메일** bobbook@hanmail.net

ⓒ 박익순, 2025.
ISBN 979-11-7223-087-6 (03810)

※ 이 책은 저작권법에 따라 보호받는 저작물이므로 무단전재와 복제를 금합니다.

홍법 박익순 네 번째 자전 에세이

개똥밭에 굴러도 이승이 좋다더니!

박익순

이 생애 마지막 말이 되어도 좋은 한마디
사랑해, 여보 ~

밥북

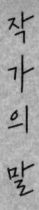

"삶(生)은 한 조각 뜬구름이 생겨난 것이요,
죽음(死)은 한 조각 뜬구름이 사라짐이로다."

80이 넘어서야 철학적인 이 말의 의미가 가슴에 아로새겨진다. 1964년 갑진(甲辰)년(음력 6월)엔 어머니가 저세상으로 떠나셨고 60년 만인 2024년 갑진(甲辰)년(양력 6월)엔 한평생 함께할 줄 알았던 아내가 저세상으로 먼저 떠나 버렸다.

어머니를 잃은 슬픔이나 아내를 잃은 슬픔이나 슬픔의 깊이는 같겠지만, 어머니를 여읜 슬픔은 60년 넘게 흘러간 세월 속에 묻혀버렸다. 아내의 운명(殞命)은 반백 년이 넘도록 함께 살아온 세월의 무게만큼이나 아직도 내 마음 한구석을 짓누르고 있다.

가난에 쪼들리면서도 아내의 배려심은 지나치다 할 만큼 컸다. 결혼 전엔 먹을 쌀이 다 떨어져 가는데도 시주받으러 다니던 스님에게 시주

쌀을 큰 바가지에 가득 퍼주었다고 장인께서 몇 번이나 나에게 들려준 적이 있다.

신혼 초 방앗간에서 가래떡을 해올 때도 마찬가지이다. 갈 때는 쌀 말 반을 머리에 이고 가지만 올 때는 빚은 떡을 이 사람 저 사람에게 조금씩 나누어주어 막상 집에는 간신히 차례 지낼 떡만 남겨오기 일쑤였다.

동물 사랑은 더 지극했다. 동물을 싫어하는 사람들에게 비난을 받으면서도 비둘기와 길고양이를 상대로 먹이 주는 일을 직업처럼 해왔다. 누구에게든 나누고 베풀려면 비용이 수반된다.

박봉인 내가 아내의 영양가 없는 활동비를 벌어대기에는 한계가 있었다. 자연 빚이 생길 수밖에 없었다. 아내는 수완(手腕)이 좋아 빚도 잘 졌다. 아내의 수완은 아마 직장이 튼튼한 나를 담보로 하고 있었을 것이다.

병치레도 많이 했다. 30대 중반부터 십이지장궤양으로 물 한 모금도 못 넘길 정도로 20여 년간 고생하더니, 말년에는 4개 암(癌)이 겹쳐 병마와 싸우다 2년 반 만에 생을 마감했다. 암 환자가 되기 전엔 노인들을 유혹하는 건강홍보관에 중독되어 매일 출근하다시피 했다.

아내가 욕구를 해소하는 데 조금이라도 도움을 주고자 나는 동갑내기인 아내를 동반해 봄가을이면 꼭 가까운 동남아 등을 여행하거나 간간이 국내 여행도 즐겨왔다. 여행은 부부간의 간극(間隙)을 좁혀주는 좋은 계기가 되었다. 연륜이 깊어질수록 우리 부부는 다툼이 줄고 서로를 이해하는 마음이 진해져 갔다.

아내가 병고에 시달리던 2년여 세월!
나는 과거를 돌아보며 생전에 소홀히 한 면을 반성하며 최선을 다해 간호했다. 저승의 아내도 이 점은 인정하리라 본다. 아내 없이 홀로서기 한 1년여 세월은 정말 초로인생처럼 보잘것없고 무의미한 삶의 연속이었다.

다소 늦었으나 아내를 만나 희로애락 속에 살아온 반백 년 이상의 세월과 흔적을 회상하며, 그립고 잊지 못할 사연들을 정리해 내 생애 네 번째 수필집으로 내놓는다.

나의 두 번째 자전 에세이집 『벼락 맞은 대추나무처럼』에 이어 이번에도 열과 성을 다해 교열하고 편집해 주신 밥북의 주계수 사장께 깊은 감사의 말씀을 전한다.

2025년 8월 중추가절에

홍법 박익순

차례

작가의 말   4

1부

삶의 넋두리

나는 됫박 글 가지고 말로 벌어 먹고 산다	14
이 세상 구경 나오던 날	16
부질없는 의사의 한마디	19
벌초가 사람 잡네!	22
누구나 노년이 되면	24
생야일편 부운기(生也一片 浮雲起)	26
노인을 유혹하는 건강 체험관	29
누구도 장담하기 어려운 미래	34

2부

바깥세상을 만나다

최초의 외국 여행, 싱가포르·홍콩	38
프랑스, 샹젤리제의 황홀경에 빠지다	48
- 유럽 견학여행 1	
영국, 전통 가치 보존에 고개 숙이다	54
- 유럽 견학여행 2	
한국의 풍경 같던 독일의 도로와 건축	59
- 유럽 견학여행 3	
스위스, 팔라투스산의 장관	64
- 유럽 견학여행 4	
산타루치아와 폼페이의 이탈리아	67
- 유럽 견학여행 5	
그립던 금강산에 오르다	71
자유여행으로 다시 만난 프랑스	77
- 3대가 함께 한 유럽 자유여행 1	
스위스 융프라우에서 신라면을 맛보다	83
- 3대가 함께 한 유럽 자유여행 2	
스페인, 바르셀로나에서 마드리드까지	86
- 3대가 함께 한 유럽 자유여행 3	
한국의 영산! 백두산	91

3부

아내와 함께한 여행의 추억

장가계의 절경과 패키지 여행의 폐해	102
하노이와 하롱베이, 베트남 여행	109
경이로운 풍경, 중국 계림	113
일본 오사카, 교토, 고베 여행	117
우리 땅 독도와 울릉도에 가다	125
중국 문화를 알게 된 대만 여행	129
제주도·울릉도보다 가까운 일본 땅, 대마도	135
불교국가임에도 소수 종교를 포용하는 태국	138
필리핀, 섬이 7천여 개나 되는 섬나라	149
축복의 물세례, 라오스	156

4부

마른하늘에 날벼락
― 먼저 떠난 아내의 투병일기

항문의 변고	168
악성 신생물?	172
암 환자로 등록되다	177
암과의 사투가 시작되다	180
1차 폐암수술 성공	183
고통스런 28회의 방사선 치료를 마치고	187
배에 장루(腸瘻)를 매달고 살다	191
유방암과의 사투	200
전신 항암치료	205
항암치료 후 반복되는 통증과 응급실행	212
직장암이 뇌로 전이되다	218
말할 수 없는 고통, 표적치료	225
임종으로 가는 길	231
황천행 열차에서 아내를 배웅하며	237
홀로서기	244

1부

삶의 넋두리

나는 됫박 글 가지고 말로 벌어 먹고 산다

요즘 세상엔 대학 안 나온 사람을 눈뜨고 찾아보기가 어렵지만, 내 나이 또래엔 대학 졸업자가 1개 면에서 한두 명 정도로 희소했다. 육이오 사변을 겪은 지 얼마 안 돼 모든 계층의 생활이 피폐했기 때문이다. 그런 시절에 내가 고등학교라도 나왔으니 어쩌면 대견스럽다고 자부할 만도 하다.

내가 태어난 시골 동네에 나보다 열 살가량 손위인 분이 살고 있었다. 그분은 대학까지 나와 쌀장사를 하고 있었는데, 마을 사람들은 공부 얘기가 나오기만 하면 늘 그분을 빗대어 부정적으로 입을 열곤 했었다.

"그 아무개 말여, 숱한 돈 처들여 뼈 빠지게 가르쳐 놨더니 겨우 쌀장사 질이나 하고 있다네! 그럴 거면 애당초 대학은 왜 보냈어!"
"쯧쯧, 그러게 말이야. 말글 가지고 됫박으로 벌어먹는 격이지!"

이런 넋두리를 늘어놓는 촌로들의 틈바구니에서 그 당시 내가 고졸이라는 짧은 글을 가지고 공무원 시험에 합격한 것은 정말 대견스러운 일이었다. 이후 나는 50여 년간을 자식 키우며 순탄하게 살아왔다.

이런 나야말로 '바로 뒷박 글 가지고 말로 벌어먹은' 격 아니겠는가?

말글 가지고도 소신을 펴지 못하는 오늘날의 현실에 비한다면 나는 퍽 운이 좋은 사람임이 분명하다. 재산형성이라는 또 다른 측면에서 본다면 아예 할 말이 없긴 하지만 말이다.

적멸보궁

1부 삶의 넋두리 — 15

이 세상 구경 나오던 날

사람들은 거개가 1이란 숫자를 좋아한다. 1은 하나란 뜻도 있지만, 제일이란 뜻으로도 더욱 많이 사용된다. 11월 11일에는 1자가 네 개나 있어 숫자상으로는 1년 중 제일 좋고 으뜸이 되는 상서로운 날이라 해도 무방하다.

연인들은 물론이고 청소년들도 이날을 특별한 날이라 생각한다. 상점에서는 '빼빼로'를 쌓아놓고 대목을 보려고 한다. 출근하는데 핸드폰에서 수시로 문자 메시지가 도착했음을 알렸다.

신호가 수십 번이나 계속 이어졌으나 버스 안이어서 보지 못했다. 사무실에 도착해서야 확인해 보니 카톡과 페이스북 등에서 보낸 십여 통의 축하 메시지가 쌓여있다. 카톡 내용은 한결같았다.

'생신 축하합니다.'

이날이 양력으로 내 생일임을 아는 친구들이다. 1945년 11월 11일 새벽에 태어나 해방의 기쁨을 어머니 뱃속에서 맞이한 나다. 그러나 나는 계속해서 음력 10월 7일만 생일로 기념하고 살아왔기 때문에 실감이 안 난다.

아내도 자녀들도 내 음력 생일만 기억하고 밥이라도 한 끼 먹는 형편이다. 사실 나는 음력 생일보다 나의 양력 생일이 더 마음에 와 닿는다. 1 이란 숫자가 넷이나 되니 뭔가 잘될 것 같은 감이 오기 때문이다. 이 나이에 안정된 직장이 있다는 게 바로 그걸 반증해 주는 것 아니겠는가?

역사를 더듬어보니 1977년 11월 11엔 대형 사고가 일어났다. 바로 이리역 폭발 사고다. 한국화약 공장이 있는 인천에서 광주로 화약을 싣고 가던 중 경유지인 이리역에서 폭발 사고가 일어났다. 열차 호송원 신 모 씨가 촛불을 켜놓고 잠이 든 사이 불이 화약에 옮겨붙으며 발생한 사고였다.

사고를 낸 신 모 씨는 그 회사의 중역으로 있던 내 외사촌의 처남이라서 그 일이 아직도 소상히 내 머릿속에 남아있다. 그렇게 생각하니 1이 넷이 있는 날도 그리 상서로운 것만은 아닐지도 모르겠다.

이날은 또 농민의 날이라고 한다. 한자로 흙 토 자(土)를 뜯어보면 11(十一)이 되기 때문에 그리 정한 것이란다. 출근 때 간간이 울어대든 핸드폰 소리는 분명 내 양력 생일인 11월 11일을 기억하고 축하해주려던 소중한 분들이 보내준 복음임이 분명하다.

그런 이유로 나는 나의 양력 생일을 더 특별한 날로 마음속에 간직하며 살아가고 있다.

나를 어머니 뱃속에서 받아준 백모(伯母)께서 아기 울음소리를 듣고 밖에 나오니 닭이 막 홰를 치고 내려왔다 한다. 내가 태어난 시간은 이른 아침이요, 태어난 계절은 늦가을인 것이다.

이를 두고 역술가들은 입을 모은다. 눈을 뜨자마자 먹이를 찾아 나서니 평생 분주하게 살 팔자요, 늦가을 추수가 끝날 무렵이라 사방에 곡식 낟알이 지천이니 식복은 타고 났다 했다. 그러니 이 또한 내가 세상구경 나온 날은 상서로운 날임이 분명한 것이다.

부질없는 의사의 한마디

곤한 잠을 즐기는데 늦은 시간까지 마루에서 TV를 보던 아내가 방으로 들어와 귓불을 시끄럽게 울려 댔다. 이 나이 되도록 큰 병치레 없이 지내는 건 경제적으로 풍족하지 못한 우리 부부에게 있어서는 분명 홍복(洪福)이 아닐 수 없다.

그걸 위안 삼아 살아왔는데 이제 전환점에 들어 선걸까? 아내는 사오 년 전부터 혈압약을 복용해 왔으며 또한 약을 처방 해주는 동네 단골 의원에서 주기적으로 건강 진단도 받고 있다.
그런데 지난번 혈압약을 처방받을 때 의사가 한마디 했단다.

"심장에 이상이 있는 것 같습니다. 정밀검사를 받아보세요."

그 말을 듣던 순간부터 아내는 잔뜩 신경 쓰며 맘을 졸이고 있었다. 아내는 선천적으로 심장이 좀 약한 편이었다. 친정이 화목하지 못해 부모가 자주 싸우는 모습을 보고 자라서인지 신혼 때도 심장병약 '구심(求心)을 달고 살았다. 성격이 낙천적인 것 같으면서도 주위에서 큰 소리로 싸우는 걸 보면 늘 심장이 두근거리곤 했었다.

'병 주고 약 준다.'

이 말이 딱 들어맞는다. 의사의 말 한마디로 아내는 거의 얼이 빠져 있었다. 언젠가는 골똘히 심장에만 생각을 집중하다가 시장가는 길에 3만 원을 흘려 남 좋은 일을 만들기도 했었다.
이른 새벽, 아내의 근심 걱정 소리로 나까지 잠이 달아났다.

"한약을 먹어보면 안 될까?"

아내가 불안스러운 모습을 떨쳐버리지 못하고 말했다. 그 말에 나는 다소간 걱정이 됐다. 왜냐하면 한약은 건강보험도 적용되지 않고 값도 비싸 서민으로서는 접근하기가 어려운 처지였기 때문이다. 별일 아닌 걸 가지고도 갑자기 화내는 일이 잦아진 아내의 안중을 살피며 나는 아내의 시선을 애써 외면했다.

젊은 시절 아내는 위장이 아파 물도 제대로 못 마시던 때가 있었다. 그게 무려 10년 이상이나 지속되었다. 병원에 가서 내시경 검사를 해보라고 해도 창자 수술하다 죽을지도 모른다며 한사코 듣지 않았다.

실제로 그 당시 곁에 살던 젊은 주부가 위장을 수술하고 나서 얼마 못 살고 사망한 예가 있다. 그러니 아내가 겁먹을 수도 있을 법했다.

그러던 아내가 설악산 봉정암을 5년여 오르내리더니 위장병이 거짓말처럼 깨끗이 사라졌다. 나도 정말 신기한 생각이 든다. 요즘에 와서야 내시경 검사를 수용하고 받은 아내에게 의사가 말하였다.

"전에 큰 병 앓은 일이 있지요?, 위가 거의 다 잘려나가려다 다시 붙어 울퉁불퉁합니다."

의사의 이 말을 듣고야 비로소 그 고집스러울 만큼 우직했던 자신의 과거 모습을 되돌아보고 미소를 짓기도 한다. 그토록 전 근대적이며 고집스러운 아내였으니 심장질환으로 정밀검사를 받으라는 의사의 말 한마디는 충격적일 수밖에 없었을 것이다.

그러나 아내의 심장은 그 이후 뚜렷이 나빠지거나 심장 때문에 다시 병원에 간 일도 없었다. 결국 의사의 부질없는 말 한마디는 없는 병도 만들어 아내로 하여금 한동안 고민에 빠지도록 악영향을 끼친 것이다.

그때 불안으로 공포감에 휩싸여 있던 아내의 모습이 아직도 내 눈에 아른거린다.

벌초가 사람 잡네!

나는 매년 추석이 임박하면 향리의 조부모 묘소를 먼저 벌초하고, 추석이 지난 직후 전국에 흩어져 사는 종친들과 함께 600여 년 전 살다 가신 파조(派祖)의 묘소를 찾아 벌초(伐草)를 해오고 있다.

묘소가 개성 근처의 비무장지대인 파주시 장단에 있어 상시 출입이 어려운 데다 후손이 전국에 흩어져 살고 있어 한 번 모이는 것도 어렵다. 내가 파조(派祖)의 종중회장을 맡고 있는 터라 매년 추석 후면 대표성 있는 종인(宗人)들과 함께 벌초를 위해 모이고 있다.

벌초 날이면 항상 오전 10시에 임진각에서 만나 검문소에서 신원확인 절차를 마치고 임진강 넘어 판문점 방향으로 진입한다. 보통은 대략 10명 정도가 참가한다. 묘소는 판문점에서 300m쯤 떨어진 도로변에 2기가 있고, 선조 때 명의인 허준의 묘소로 가는 길목에도 1기가 있다. 벌초 후 땀을 식히며 통일촌 부녀회가 운영하는 식당에서 먹는 점심은 시골풍의 별미에 속한다.

해마다 벌초 때면 여기저기서 생각지 못한 안전사고가 발생하고 있다. 우리 문중에도 삼십여 년 전에 안전사고가 한 번 있었는데, 벌초 때 만 되면 그때 일이 자꾸 떠올라 마음을 괴롭힌다.

그때는 나이 젊던 내가 예초기를 돌렸다. 내가 예초작업을 할 때 3종 형님이 곁에서 낫으로 풀베기를 돕고 있었는데 예초기 칼날이 곁에서 낫질하던 3종 형님의 오른쪽 발목 복숭아뼈를 순식간에 스치고 지나갔다.

"아이고! 나 죽는다."
형님은 외마디 비명과 함께 갑자기 피를 흘리며 쓰러지셨다. 깜짝 놀라고 당황한 나는 형님의 다리를 수건으로 졸라매고 지혈하면서 문산 정형외과로 모셨다. 그 일이 엊그제 같다.

형님은 서울로 돌아와서도 거의 두어 달간 병원 신세를 졌지만, 당뇨가 있어 치료에 어려움을 겪으셨다. 결국 몇 년 못 사시고 세상을 뜨셨다. 그날 일을 생각하면 아직도 정말 마음이 편치 않고 죄인이 된 기분이다.

누구나 노년이 되면

가을이 되자 여기저기서 문자 메시지가 날아든다. 평범한 인사치레가 대부분이지만 간혹 서글픈 사연도 끼어든다. 이번에 날아온 문자에는 사는 날까지 아프지 말자고 다짐하던 고교 동창생의 부음도 섞여 있었다.

친구는 전날 점심까지 잘 먹었는데 저녁에 갑자기 쓰러져 병원으로 이송 도중 사망했단다. 갑자기 세상을 떠나 유족들의 절망과 아픔이 한층 컸으리라 생각된다. 기로(耆老)의 나이에 접어든 나에게도 이제 서서히 죽음에 대한 생각이 물 스며들 듯 밀려들고 있다.

수년 전 종친회 날엔 멀리 원주에서 당시 91세 된 노인이 참석했다. 그는 작달막한 키에 중절모를 쓰고 가벼운 명아주 단장을 짚고 다니셨다. 무릎관절이 안 좋아 걸음걸이도 부자연스러웠다. 자녀와 며느리가 말렸으나 그는 한사코 뿌리친 후 원주에서 버스로 홀로 동서울터미널까지 올라오셨다. 그날 종친회 장소는 동서울터미널에서 걸어서 불과 5분 정도의 거리에 있었다.

  그런데 그분은 다리가 불편해 코앞인 동서울터미널에서 택시를 탔다가 엉뚱한 데로 헤매다 택시비만 만여 원을 소진하고 나서야 간신히 회의장에 도착했다. 요즘의 젊은이 같으면 아마 그분의 행태를 정상적이 아니라고 생각하겠지만 내 나이를 살아온 사람이라면 충분히 이해할 수 있는 대목이다. 이날 종친회에 참석한 분의 평균나이가 70세 부근이었으니 이런 풍습도 제례처럼 우리 대(代)가 지나면 서서히 사라져 갈 듯하다.

  이보다 더 안타까운 것은 평균수명이 늘어나 우리 중 누군가는 90세 부근까지도 생존할 확률이 높아진 점이다. 그리고 장수하는 노인 중에는 건강이 수반되지 않아 고통스러운 삶을 살아가야 하는 이들이 상당수를 차지하리라 생각된다.

  그러니 오래 사는 게 반드시 좋은 것만은 아니다. 이번에 소식을 전한 고교 동창생의 죽음도 안타까운 일이지만 어찌 보면 고통이 수반되지 않은 행복한 죽음이 아닐까? 고생하지 않고 죽는 날까지 편안히 살다가 죽는 일만으로도 큰 복이라는 생각이 든다.

생야일편 부운기(生也一片 浮雲起)

이제 일터에서 은퇴할 때가 오긴 왔나 보다. 몸이 작년 다르고 금년(今年) 다름은 말할 것도 없고 요즘은 어제가 다르고 오늘이 다르다. 목엔 가래가 끼고 무의식중 기침도 튀어나온다. 젊은이들이 곁에 있다면 추하다고 피할 게 분명하다.

목감기라 여겨 약을 보름 이상 복용했으나 아직도 기대에 미치지 못한 상태다. 아내가 챙겨준 삶은 산도라지 물병을 들고 오랜만에 친구를 만나 산에 올랐다. 일요일 10시경인데 이미 호암산 입구는 등산객들로 꽉 차 있었다.

좀 쌀쌀해도 미세먼지 없는 청명한 날이다. 항상 지나치던 길목인데 이날따라 신랑각시 바위가 눈길을 끈다. 신랑각시 바위를 한참 더 지나면 사시사철 마르지 않는 한 우물에 이른다. 통일 신라 시대에 군사 목적으로 조성된 것이다.

임진왜란 때는 선거이 장군이 여기에 진을 치고 있었다. 그는 오산 세마대에서 왜장 고니시유끼나가를 따돌리고 행주산성으로 향하던 권율 장군을 도와 여기서 왜군과 한판 접전을 벌였다. 연못 옆에는 불영사라는 조그만 절이 하나 있다.

절문 네 기둥에 새겨진 한문 서체가 눈과 마음을 멈춰 세운다.

生也一片浮雲起。
삶은 한 조각 뜬구름이 솟아오른 것이요,

死也一片浮雲滅。
죽음은 한 조각 뜬구름이 사라진 것이라네.

浮雲自体本無實。
뜬구름은 본래 실체가 없는 것이며,

生死去来亦如然。
삶과 죽음, 가고 옴, 또한 이와 같은 것이라네.

부질없는 인생살이를 이 글귀에서 생생하게 느낄 수 있다. 인명은 길어야 팔구십이다. 뒤돌아보니 내 여생도 이제 10여 년 남짓이다. 욕심일랑 훌훌 털어버리자며 친구와 둘이 다시 삼막사 표지를 따라간다. 절의 뒤쪽 언덕에 있는 3층 석탑은 몽골이 침입했을 때 삼막사의 승려 김윤후가 용인 처인성에서 몽장 살리타이를 화살로 쏘아 전사시킨 쾌거를 기념하기 위해 조성된 것이다.

　삼막사에서 염불사로 넘어가는 고갯길 쉼터에서 잠시 머물다 염불사에 도착했다. 여기까지가 삼성산이다. 염불사 입구 현판에 삼성산의 유래가 기록돼 있다. 문무왕 때 신라 고승 원효와 의상, 윤필이 이 산에서 각각 삼막사와 연주암과 염불사를 창건한 데서 연유된 것이라 한다.

　삼성산의 사찰 중엔 염불사가 가장 수려하다. 염불사는 차도가 잘 정비되어 있다. 차도를 따라 30여 분 걸어 내려가면 안양 예술 공원이다. 맑은 시냇물이 졸졸 흐르는 양쪽 길가엔 현대식 건물이 즐비하다. 시내 한복판보다 오히려 상권이 활성화되어 있는 모습이다. 장장 5시간 반을 산중에 머물렀다. 등산로가 완만해 나 같은 노년들이 걷기 안성맞춤이다. 아프지 말고 자주자주 만나자며 이쯤 와서 친구와 작별의 손을 잡는다.

노인을 유혹하는 건강 체험관

 길을 거닐 때 좀 못사는 동네이다 싶으면 어김없이 두서너 곳의 건강 체험관 간판이 붙어 있는 걸 볼 수 있다. 오후 대여섯 시경이면 이런 간판 건물 주변에서 주로 육칠십 대 할머니들이 양손에 두루마리 휴지 뭉치를 들고, 다리를 절룩거리며 줄지어 나오는 이색 풍경이 심심찮게 눈에 띈다. 처음엔 휴지를 싸게 파는 업소가 개업한 줄 알았으나, 알고 보니 휴지는 공짜 좋아하는 경제력 없는 노인을 유혹하는 수단일 뿐이었다.

 늙고 기력 없는 노년이 되면 누구나 뼈마디가 쑤시고 여기저기 아픈 구석이 생기는 법이다. 값싸고 허름한 선물 일지라도 노약자들은 십중팔구 입소문에 매료되어 삽시간에 건강 체험관 강당을 가득 메운다. 할머니들이 태반인 노인들은 서로 일찍 들어가려고 이른 아침부터 줄 서는 일까지 벌어지는 게 현실이다. 노인들의 입장이 끝나면 상냥하게 생긴 젊은 남녀들이 사탕발림을 늘어놓기 시작한다.

건강에 좋다는 선전이 끝나기 무섭게 노약자들은 앞을 다투어 여러 개의 체험 기구로 분산되어 공짜 체험이라는 기쁨을 맛보며 수십 분간의 행복에 젖어들게 된다.

기다리는 사람들은 재담가들이 펼치는 또 다른 건강 정보를 들으며, 입을 떡 벌린 채 그들의 말에 빠져들기도 하고, 트로트 가수와 함께 손뼉을 치며 즐거운 시간을 갖기도 한다. 체험관 안에 있는 동안은 많은 할머니가 아픈 곳도, 근심 걱정도 잊은 채 신바람 나는 체험을 맛보게 된다. 그런 맛에 자고 새면 또다시 앞을 다투어 건강 체험관 앞에서 줄서기를 하는 것이다.

나는 이런 현상을 일종의 중독으로 보고 있다. 그러다가 그들 중 십중팔구는 체험관에서 미리 마련해 놓은 마수의 그물에 걸려 몇십만 원짜리 혹은 몇백만 원짜리 물건을, 능력도 생각하지 않고 덥석 손에 들고 와 자식들에게 고스란히 짐을 떠넘기는 우를 범한다.

그동안 공짜라고 매일매일 조금씩 받아들였던 선물 꾸러미의 몇십 배 되는 혹독한 대가를 치르고 나서야 노약자들은 비로소 후회한다. 자녀들의 눈총을 받으며 그날이 마지막이란 다짐을 하지만 인근에 또 다른 체험관이 생기면 그들은 몸이 근질대 가만히 있질 못한다.

자녀들 몰래 쉬쉬하며 다니다가 또다시 마수의 그물에 걸려 값비싼 물건들을 살금살금 집안에 들여놓고 혹 눈에 띄면 이웃집에서 맡겨 놓은 거라고 둘러대기까지 한다.

나의 아내도 이런 부류에 속한다. 아내가 처음 이런 곳에 드나들 땐 심한 다툼도 있었으며, 아내가 건강하고 팔팔하던 시절엔 매일 선물이랍시고 들고 오던 화장지로 문간방 하나를 가득 채운 때도 있었다. 그러다가 어느 땐 200만 원이 넘는 고가의 전기매트를 겁 없이 사 오기도 했고, 100만 원 넘는 태반 화장품을 6개월 넘게 집 안에 숨겨 놓았다가 내 눈에 띈 적도 있다.

그런 물건들은 두어 달 쓰고 버렸거나 오랫동안 서랍 속에 구르다 먼지가 쌓이기도 했다. 그뿐만이 아니다. 우리 집엔 별로 손도 대지 않은 적외선 조사기나 좌변용 온열기, 그리고 전기 매트리스 등이 널려있다.

얼마 전부터는 건강 체험관이 화장지 대신 먹거리로 상술을 바꿔 노인들을 유인하기 시작했다. 그들의 상술에 먹혀 아내는 귤을 한 상자 들고 오기도 하고, 사과나 배를 한 상자씩 들고 오기도 하며, 달걀을 몇 줄씩 끙끙대며 들고 오기도 했다. 그게 다가 아니다. 바나나, 굴, 통조림, 고등어, 멸치, 김, 무 같은 식품이며 운동화, 모자, 목도리, 내의 등 온갖 생필품을 아예 시장이 아닌 그곳에서 장을 봐왔다.

그것들은 물론 공짜는 아니며, 내가 알기론 시중 물가에 비하면 반값도 안 되거나 상상도 안 되는 가격이다. 가끔은 오리고기와 삼겹살도 푸짐하게 들고 온다. 그러나 싸게 공급받기도 했고, 공짜로 받아왔던 물건들이 종국에는 배보다 배꼽이 더 큰 모습으로 내 가정을 파고들었다.

그럼에도 나는 이제 더 이상 아내의 행위에 제동을 걸지 않기로 했다. 나와 아내는 팔십이 다 된 동갑내기이다. 생일도 나보다 이틀 늦을 뿐이다. 그래서 칠순 때도 한날 해버렸었다. 50년 가까이 함께 살면서 자상스러운 말도 못 했다.

'그까짓 것, 늙어서 건강을 위해 약 먹었다 치면 되지!'

이렇게 생각하니 오히려 마음이 편했다. 거기다 최근에는 난방비도 무시 못 하는데 종일 체험관에 가 있으니, 난방비 줄여 물건 사들인다고 생각하면 그만이다. 아내는 거기서 스트레스도 확 풀고 온다니 스트레스 때문에 생길지도 모르는 질병까지 예방될 듯했다.

온종일 일하고 퇴근한 나에게 미안함을 느끼며 바가지 안 긁고 잘

대해주는 것만으로도 나는 크나큰 보상을 받았다고 생각한다. 하지만 나처럼 긍정적인 사고를 지닌 가정은 그리 많지 않아 보인다. 열악한 환경에 처한 노인들을 보호하기 위해 얄팍한 상술로 노인들을 유혹하고 착취하는 건강 체험관에 대한 당국의 철저한 단속이 필요함은 두말할 필요가 없다.

누구도 장담하기 어려운 미래

누구나 건강하게 오래 살고 싶은 욕망이 있다. 나도 100세가 넘도록 살고 싶지만 그때까지 건강이 유지되리란 보장은 없다. 건강의 동반이 따르지 않는 삶이라면 오래 사는 것이 능사는 아닌 것이다.

내가 관리하는 아파트에 우리 나이로 96세 된 할머니가 홀로 살고 계셨다. 아들이 다섯이나 되건만 할머니는 13평형 임대아파트에 홀로 살고 있었다. 2년 전만 해도 정신이 멀쩡했으며 아직도 걸음걸이나 신체 상태는 양호하시다. 문제는 수시로 재활용장에 들락거리면서 다른 세대에서 버린 폐지와 비닐 등을 집안으로 끌어들여 발 디딜 틈이 없다는 점이다. 집안에는 파리가 들끓고 악취가 날 정도이다.

이웃 주민들은 이 할머니만 나타나면 몸에서 냄새난다고 곁에 가길 꺼린다. 모두 꺼리지만 이 할머니는 하루에도 몇 번씩 노인정에 가셨다. 할머니가 거침없이 노인정 안으로 들어가면 다른 할머니들은 기겁을 하고 냄새난다며 모든 방문을 열어 젖혔다. 그러나 할머니는 태연스럽게 자리에 눕기까지 한다. 곁에 있던 다른 노인들은 할머니와 언쟁을 벌이다가 모두 이 할머니 때문에 스트레스를 받고 뿔뿔이 자리를 떠버렸다.

어느 날 아침 출근하니 주민센터 복지담당이 내게 와서 아들들이 할머니를 요양원으로 모시고 갔다고 귀띔해주었다. 그리고 다음 주에는 용역직원을 투입해 할머니 방에 소독도 하고 쓰레기를 치우기로 했다는 말도 덧붙였다. 이런 내용을 다른 할머니들에게 전파하니 모두 앓던 이가 빠진 것처럼 좋아했다. 이 할머니처럼 치매 상태로 오래 사는 건 복된 삶이 될 수가 없다.

또 다른 단지에 있을 때다. 그곳엔 81세 된 할머니가 딸과 함께 살고 있었으나 딸은 직장에 다니고 있어 할머니 혼자 집을 지키고 있을 때가 태반이다. 3년 전 입주할 때는 극히 정상이었다는데 얼마 전부터 이 할머니에게도 약간의 치매기가 나타나기 시작했다. 코로나가 성행할 때 관리실에서 승강기 내에 비치해둔 손 소독제가 하루가 멀다고 푹푹 줄어들었다. 감시카메라를 돌려 보니 바로 치매기가 있던 할머니의 소행이었다.

할머니의 치매상태는 시간이 갈수록 점점 심하게 나타났다. 어느 추운 겨울날 할머니는 내복만 입은 상태로 현관문을 닫고 나왔는데 다시 들어가려 했지만 현관문의 비밀번호를 기억하지 못했다. 할머니는 딸의 전화번호도 기억하지 못했다. 측은하게 생각한 옆집의 도움으로 추위는 면했지만 그런 상황은 그 후에도 몇 번이나 있었다.

자녀들이 요양원으로 모셔간 96세 할머니나 노망난 할머니와 유사한 사례는 우리 사회 어느 곳에서나 자주 목격되고 있다. 늙어 홀로되었을 경우 이런 상황이 자신에게는 닥치지 않으리라고 장담할 사람은 아무도 없다고 본다. 국민소득이 높아지고 복지정책이 강화될수록 그리고 의술이 발달할수록 이런 일들은 점차 줄어들겠지만 결코 남의 일이 아니다.

한때는 웰빙(well-bing) 이라 해서 여유 있고 행복하게 잘사는 것만 부러워하던 시절이 있었지만, 이제는 인생의 종착역을 어떻게 마감할 것인가 하는 웰다잉(well-dying)이 더더욱 중요해 지고 있다.

2부

바깥세상을 만나다

최초의 외국 여행, 싱가포르·홍콩

시간을 거꾸로 돌려본다. 청소년 시절 나의 행동반경은 너무나 초라했다. 중2 때까지는 집에서 8km 떨어진 평택과 성환을 가뭄에 콩 나듯 몇 번인가 가봤고, 집에서 12km 떨어진 온양온천에 목욕하러 몇 번 가본 정도였다. 중3 때 인천 변두리 고잔동이란 곳을 딱 한 번 가봤고, 고작 서울 구경 며칠 해본 게 다였다.

고등학교에 들어가고서야 행동반경이 넓어져 천안과 예산, 대전까지 가볼 수 있었다. 졸업 후 취직하고서는 군산 땅도 3년 가까이 밟게 되었다. 그 덕에 이리와 전주도 한두 차례 가보게 되었다.

공무원 시험에 합격해 서울 사람이 됐지만 퇴직할 때까지 직무상 서울을 벗어날 일이 없었다. 30대 후반 서울시 투자기관으로 이적한 다음에야 비로소 출장차 대구와 부산을 최초로 방문했고, 전서구(傳書鳩, 경주용 비둘기) 비산(飛散)을 위해 강릉과 목포, 제주 땅도 밟아보았다. 이때 비행기도 처음 타봤다.

50대 후반 해외여행 붐이 일며 외국 여행 기회가 나에게도 주어졌다. 각 부서에서 추천한 업무직 3명과 일반직 4명의 인솔 책임자가 되어 95년 말 처음으로 외국에 갈 수 있었다. 비행기는 오전 10시 반에 김포공항을 이륙했다. 목적지는 싱가포르였으나 직항로가 없어 환승을 위해 홍콩에서 2시간 이상 머물렀다. 우리나라 건설업체가 설계하고 준공했다는 '창희공항' 2청사에 저녁에야 도착했다.

　한인 식당에서 저녁 식사 후 칼튼호텔에 여장을 풀었다. 이맘때 서울은 5시만 돼도 어두컴컴한데 그곳은 우리나라의 여름처럼 9시가 다 되도록 여전히 해가 남아 있었다. 해양성 기후라 고온다습해 실내에 제습기와 에어컨이 상시 가동되고 있었다. 그런 환경이다 보니 그곳 사람들은 다음과 같은 우스갯소리를 자주 했다.
　"마누라 없이는 살아도 우산과 에어컨과 제습기 없으면 못산다."

　듣던 대로 우리나라와 비교할 수 없을 만큼 거리가 깨끗했다. 휴지나 담배꽁초는 보이지 않았다. 이 나라 사람들은 3가지가 깨끗하다며 자랑했는데 실제로 거리가 깨끗하고, 수돗물이 맑고 깨끗했다. 여기에 정부까지도 깨끗하다고 하니 존경심이 갔다.

　낮이 길어 활동 시간이 많다는 장점도 있었다. 오후 6시경 주 업무가 끝나면 퇴근해 옷만 갈아입고 인근 식당에서 식사한 후 곧장 제2

의 직장으로 출근한다. 노약자나 병자가 아니면 누구나 투잡(two job)을 가지고 있다. 부지런한 국민이다.

집은 휴식 공간이며 직접 취사를 안 하므로 생활 쓰레기가 별로 없는 편이다. 거리가 깨끗한 이유가 단지 법이 엄격하기 때문만은 아닌 것 같았다. 도로는 넓지 않지만 1년 내내 차가 막히지 않는다고 했다. 출퇴근 시간이 돼도 마찬가지였다. 자동차는 전량 수입에 의존하고 자국 내 생산 공장이 없어 적정한 차량 총량제를 정해놓고 그 이상은 수입을 철저히 금하고 있다.

긴급하지 않거나 필요성이 덜하면 대중교통을 이용하고 있다. 승용차는 아무 때나 제한 없이 상시 운행할 수 있는 차량과 공휴일과 심야 시간에만 운행할 수 있는 차로 구분하여 등록해 주고 있었다. 이런 싱가포르에서는 영업용 차량이 아니라면 굳이 비싼 세금 내면서 차량을 상시로 운행할 필요성이 없어진다. 그러므로 그 나라 국민 대부분은 빨간 번호판(공휴일과 심야 시간용)이 달린 차량을 소유하고 있다.

그들은 평소에는 차를 차고지에 주차해 두었다가 긴급한 경우 새벽과 심야시간대에만 예외로 차를 이용하고 있었다. 다만 공휴일에는 가족과 함께 즐기라고 특별히 운행에 제한을 두지 않고 있다. 도로가 막히지 않는 충분한 이유가 교통정책에 있음을 알 수 있었다. 이 점은 우리나라도 본받아야 할 정책으로 보인다.

여행 둘째 날이다.

오전에 botanical-garden(야외식물원)에 들렀다. 아침 운동 겸 산책을 나온 30여 명쯤이 눈에 들어왔다. 팔을 좌와 우로 모으며 걷는 젊은 여성들의 모습이 인상적이고 뒷모습도 정말 멋져 보였다.

조깅하며 앞에서 그녀들의 얼굴을 바라보니 뒷모습에 비해 아름다움이 반감했다. 한국 여인에게 동양적인 미가 있다면 여기 여인들은 다분히 서양적인 미가 풍기고 있었다.

식물원 내에 시비(詩碑)를 갖춘 몇 기의 유명인 납골 묘지가 눈에 띄었다. 깔끔하게 단장되고 꽃으로 장식되어 혐오감이 전혀 느껴지지 않았다.

'주롱 새공원' 관람도 인상 깊었다.

조련사가 훈련된 새에게 1달러를 보여주며 '뭐라 뭐라' 주문을 외우니 훈련된 새는 부리로 1달러 지폐를 물고 관람객 중 1명에게 전달해 주고는 다시 제자리로 돌아갔다. 잠시 후 조련사가 다시 주문을 외우니 훈련된 새는 그 사람에게로 날아가 방금 전달한 지폐를 물고 왔다. 모두 신기함을 느끼며 조련사에게 박수를 보냈다.

오후엔 악어농장을 구경했다. 생전 처음 봤다. 벌어진 입 사이로 드러난 이빨이 꽤 무섭게 생겨 공포감이 느껴졌다. 현지에서 악어가죽 혁대 10개를 선물용으로 샀다.

다음에는 배를 타고 인도네시아 땅인 바탐섬으로 향했다.
'군또르르르'라는 남자 가이드가 안내했다. 바탐섬 사람들은 혀로 말끝을 굴렸다. '안녕하세요'란 인사말도 여기 사람들은 '아빠까빠르르르' 하며 혀끝으로 한참을 굴렸다. 한국의 대우건설이 이 나라에 진출해 국위를 선양하고 있어 우리나라 사람들에 대한 호감이 상당함을 느낄 수 있었다.

이동 중 조그만 연못을 지나며 가이드가 한국노래 '소양강처녀'를 불러 주었다. 처녀들이 이 연못에서 목욕 후 혼처가 생겼다는 전설이 이어져 밤이면 여인들이 몰래 와서 목욕한단다.
길가의 규모가 제법 큰 흰색 건물을 지날 때는 돈 없이도 이용할 수 있다고 가이드가 농담성 해설을 늘어놓았다. 죄수들이 사는 교도소를 가이드가 재치 있게 설명한 말이다.

어느 마을에 도착하니 꼬마들이 졸졸 따라다니며 손을 벌렸다. 1달러를 건네주니 그들은 꾸뻑 인사하며 달아났다. 6·25 직후 피폐했던 농촌에서 우리가 어렸을 때 그와 비슷한 짓을 했던 기억이 떠오른다.

이 나라에는 야자수가 곳곳에서 숲을 이루며 무성하게 자라났다. 호텔은 마치 초가집처럼 생긴 단층집이었지만 운치가 있어 보였다. 호텔 앞에는 실외 수영장도 마련되어 있었다. 더운 탓인지 일반가정에선 이불을 볼 수 없었다. 호텔에만 고급 이불이 비치되어 있을 뿐이어서 이불이 여기 사람들에겐 동경의 대상이었다.

우리말로 '이부자리'가 여기서는 '최고, 따봉'이란 뜻으로 사용되고 있었다. 이 나라는 물이 귀해서 각자가 집 주변에 웅덩이를 파놓고 빗물을 받아 빨래 물로 사용하고 있었다. 흙탕물이고 너무 비위생적이었다. 화장실도 따로 없었다. 집 밖 아무 공간에서나 볼일을 보고 있었다. 식사 후엔 숭늉 대신 야자수 열매를 취해서 그 속에 고인 물을 음료로 대용했다. 마셔보니 조금 비위가 상했다. 식당에선 캔 맥주를 음료 대신 내놓았다.

저녁나절엔 싱가포르로 되돌아가 '센토사섬'의 야경을 관람하며 하루를 마무리했다.

여행 셋째 날이다.

새벽에 싱가포르에서 홍콩으로 출발했다. 홍콩항은 김포에서 떠나올 때 들른 공항이라 익숙했다. 그곳에서 관람한 해양 공원은 규모가 상당했다. 바다와 접해있어 일부러 바닷물을 끌어다 쓰는 수고와 비용을 줄일 수 있었다. 한국에서는 볼 수 없던 수족(水族)들을 한자리에서 가까이 볼 수 있는 매력이 있었다. 눈앞의 15층짜리 아파트 서너 동은 외관이 퇴색되어 주변 경관과 어울리지 않아 보였다.

영국령으로 선진 도시인데 그런 아파트 외관이 의아했다. 가이드 말로는 150년 된 건물이며 외관은 좀 더러워 보여도 내부는 단단하고 깨끗하며 조개껍데기를 빻아 건축해 시멘트나 철골보다도 튼튼하다고 했다. 우리나라의 경우 아파트는 20년만 넘으면 결함이 많이 생겨나 재건축을 하려고 안달인데 150년을 겪고도 건재하다니 감동스러웠다.

이 아파트엔 승강기도 없었다. 15층에 사는 사람이라면 하루에 몇 번은 계단을 오르내려야 한다. 그러니 처음 이사 온 사람은 적응이 어려울 수밖에 없다. 특히 노약자나 병자라면 더할 나위 없을 것이다. 처음 이사 올 때 빌빌대던 이들도 3개월만 이 아파트에서 생활하면 병이 싹 낫고 병원 가는 이들이 줄어든단다. 매일 계단을 오르내리며 단련하기 때문일 것이다.

그때가 1995년 말이었으니 홍콩의 중국 반환 예정일인 1997년 6월 30일까지 1년 6개월여 남은 셈이었다. 그날 저녁엔 해양 공원 주변에서 뱃놀이를 즐기며 배 안에서 쇼도 보고 술도 마시며 추억을 쌓아가는 멋진 홍콩의 밤이 됐다.

여행 4일째이다.

마카오로 갈까? 선전(深圳)으로 갈까? 가이드의 질문에 일행 7명이 이구동성으로 선전(深圳)을 택했다. 선전(深圳)은 단체 비자가 필요했다. 추가로 단체 비자를 발급받은 다음 가이드가 핸드폰으로 어딘가에 통화를 했다. 잠시 후 중국군 군복을 입은 장교 한 명이 우리 앞에 나타났다. 그는 우리 일행을 정식 출입구가 아닌 직원 통로라 쓰인 샛길로 안내했다. 편법임을 직감했다. 민주국가에선 상상할 수 없는 일이다. 홍콩과 선전(深圳)시는 서울과 의정부 정도로 가까운 거리였다.

기차를 타고 이동해 선전역에서 내리니 병원이라고 표시된 건물에서 안마시술을 하는 모습이 눈에 들어왔다. 지압과 안마로 병을 고치는 모습이었다. 근처의 공원을 관람했다. 공원이 꽤 광활했다. 석가모니가 보리수 아래에서 열반했다는데 그런 보리수가 이곳 가로수로 즐비하게 서 있었다. 처음 보는 나무였다.

공중화장실에는 현역군인 5명이 순번을 서며 화장지를 쓸 만큼씩 떼어 주고 있었다. 비능률적이다. 이런 게 공산주의 방식인가 보다.

가이드는 조선족 여성이었다. 일행 중 한 명이 그 가이드에게 물었다.

"결혼상대로 어느 나라 사람을 제일 동경해요?"

"중국인 중 한족(漢族)이요."

그녀의 입에서 뜻밖의 대답이 나오자 재차 물었다.

"남한 사람은 어떤데요?"

"제일 싫어요."

갈수록 이상한 대답에 '공산 치하에서 세뇌를 받았나?' 생각하며, 어째서 그러는지를 거듭 물었다.

"미국인이나 유럽인, 그리고 일본인은 모두 가이드 선생님이라고 존칭해 주는데 유독 한국인은 무조건 반말로 하대(下待)해서요."

그 말을 들으니 순간 가슴이 뜨끔했다. 나부터 반성해야겠다. 남편감의 선호하는 직업에 관해 묻자 '운전수'라고 대답했다. 수입이 많기 때문이란다. 선전(深圳)은 마치 우리나라의 강남개발에 비길만했다. 100층이 넘는 빌딩 서너 동이 눈에 들어왔다. 도로엔 차선이 그려있지 않고 교차로에서 수신호 하는 사람도 경찰관이 아니었다. 교통 단속 경찰은 사복을 입고 근무 중이라 누가 단속원인지 모른단다.

교통 위반자로 적발되면 범칙금 대신 네거리에서 의무적으로 수신호를 하여야 하며 그는 또 다른 위반자가 검거돼야만 비로소 교통위반죄를 면하고 수신호도 교대할 수 있단다. 좋은 발상 같기도 했다. 거리엔 사람들이 별로 안 보였다. 낮엔 거의 건물 내에서 작업 중이기 때문이다.

당시의 선전(深圳)시 인구는 30만 정도이며 70%가 20대 여성이라고 가이드가 알려주었다. 더러는 홍콩의 부호들이 사업상 선전시를 드나들며 본부인 몰래 현지처를 두고 산단다.

 선전(深圳)시 관람을 마치고 홍콩출입국관리소에 도착해 우리는 처음 들어올 때처럼 요행을 바라며 정해진 줄 밖에서 30분을 기다렸으나 헛수고였다. 후진국인 독재국가로 들어갈 때는 편법이 통했지만 선진 도시 영국령 홍콩 입국엔 예외가 없었다. 모니터 색상도 컬러였고 입국 절차도 과학적이었다. 불과 몇 시간 만에 후진국과 선진국 문화를 함께 체험했다.

 김포에서 출국할 땐 감기 때문에 고생했는데 따뜻한 나라에서 생활한 덕에 약도 안 먹었지만 감기가 뚝 떨어졌다. 귀국을 위해 홍콩 터미널에서 기다리던 중 화장실을 다녀오니 싱가포르에서 산 선물용 악어가죽 허리띠 10개가 여행용 가방 속에서 감쪽같이 없어졌다. 벌써 30년 전 일이니 지금쯤은 이런 작태가 사라졌으리라 생각된다.

프랑스, 샹젤리제의 황홀경에 빠지다

- 유럽 견학여행 1

 25년 전인 2000년 11월 말, 업무상 출장 기회가 왔다. 5년 전인 1995년 이맘때는 싱가포르 여행을 다녀왔는데 이번엔 유럽 견학 여행의 행운이다. 집 근처 노보텔 앞에서 공항버스를 기다리는데 아내가 허겁지겁 달려와 염주를 손목에 감아 주었다. 먼 길 가는데 액 막음용이란다. 미신 같으나 그 마음이 고마워 염주를 손목에 차고 버스에 올랐다.

 11시 반쯤 김포국제공항 제2 청사에서 여미지식물원의 이 과장과 본사 권 이사를 만나 함께 출국 수속을 마치고 1시 반 비행기에 탑승했다. 기내에서 장장 12시간을 견딘 후 마침내 파리의 샤를 드골공항 제2청사에 안착했다. 비행기가 예정보다 30분 일찍 도착해 가이드와의 미팅에 20분간 혼선을 빚었다.

 파리시간은 서울보다 8시간이 늦다. 가이드의 안내를 받으며 우리나라의 명동과 같은 파리의 중심부 샹젤리제 거리의 휘황찬란한 조명 속에서 우리는 단번에 황홀경에 빠져들었다. 샹젤리제 거리에서 개선문과 콩코드광장으로 이어지는 중심부의 밤거리는 정말 흥분을 불러일으킬 만했다. 콩코드광장에서 바라보이는 밤의 에펠탑 조명도 정말 환상적이었다.

시차 적응을 위해 늦은 시간이지만 세느강으로 옮겨 유람선을 타며 시간을 보냈다. 선착장에서 유람선을 운영한다는 유대인 사장을 잠시 만났다. 그는 우람하고 육중한 체구로 티코보다도 작은 차를 비집고 나왔다. 돈 많은 부호가 이처럼 검소하게 생활하는 모습은 우리 국민이 본받아야 할 덕목이다.

세느강은 강폭이 서울의 안양천 정도이지만 강물이 찰랑찰랑하며 수심이 깊어 뱃놀이에 안성맞춤이었다. 강변의 호화찬란한 불빛과 늘어선 점포 사이를 헤집으며 1시간쯤 유람을 마친 다음 유명한 리도쇼도 40여 분 구경했다. 30여 명의 여인들이 유방을 노출한 채 춤을 추고 마술사들이 등장해 묘기도 보여주었다. 쇼를 보면서 안주도 없이 샴페인과 위스키를 한 잔씩 마시고 숙소로 향했다.
서울시간으로는 새벽 5시였지만 파리시간은 초저녁인 9시다.

프랑스 여행 둘째 날이다.
6시에 눈을 떴다. 창문을 열어보니 땅이 축축했다. 간밤에 비가 내리다 그친 모양이다. 묵은 곳은 머규르 호텔이었다. 이날은 먼저 유로 디즈니랜드를 관람키로 했다. 고속도로 주변엔 철조망을 높게 쳐 놓았다. 밤에 불빛을 보고 자주 기어 나오는 고슴도치들이 차에 치여 죽지 않도록 하려는 파리 당국의 배려였다.

건물이나 간판엔 수준 높은 낙서가 많이 눈에 띄었으며 차선이 없는 도로에서도 많은 차량이 질서 있게 달리는 모습이 신기하게 느껴졌다. 거의 소형차 일색이며 살만한 부자들도 대부분 소형차를 타고 다니는 걸 보며 우리나라와는 너무 대조적이라는 생각이 들었다.

그 당시 프랑스의 60대는 우리나라 젊은이들과 사고가 비슷하며 30대는 우리나라의 60대와 생각이 닮았다고 했다. 60대는 2차 대전 후 살기가 힘들어 아이들을 탁아소에 맡기고 맞벌이를 해온 은퇴 세대들인 반면 30대는 탁아소에 맡겨져 부모 정이 고갈됐던 세대들이다.

이런 차이로 당시 파리의 60대들은 대부분 자식 생각하지 않고 여생을 즐기며 살고 있었으나 30대들은 자녀만큼은 부모가 직접 키워야 한다는 절박함을 간직하고 설사 지방으로 전근 명령이 나더라도 자녀를 위해 차라리 직장을 포기하고 있다고 했다.

유로 디즈니랜드는 미국 디즈니랜드의 축소판으로 규모가 꽤 광대했다. 프랑스의 전지(剪枝)기법은 특이했다. 거의 사각형이다. 가로수도 정원수도 각진 모습에서 질서를 엿볼 수 있었다. 입장권 한 장으로 주차장과 음식점을 제외한 모든 시설 이용이 가능했다. 요즘 우리나라 에버랜드에서 하고 있는 제도가 프랑스에서는 그때 이미 시행되고 있었던 것이다.

  프랑스인들은 식사 때면 전식, 본식, 후식 이렇게 3번으로 나누어 식사한다. 그들은 정말 대식가들이다.
  그들이 커피숍에서 식후 아주 작은 용기에 커피를 마시기에 나도 따라 홀짝 마셔봤는데 곧 창자가 뒤틀려 한동안 곤란을 겪었다. 마치 빈 속에 날 무를 먹은 듯 속이 쓰렸다. 최근에야 알게 됐지만 내가 마신 커피는 에스프레소 원액으로 고기를 많이 먹는 사람들에게나 필요한 음료였다.

  이어서 파리동물원으로 갔다. 사막의 동물과 거대한 산양 축사가 인상적이었다. 야행성동물, 원숭이, 표범들도 친환경 시설에서 맘껏 재롱을 떨고 있었다. 쏘공원의 잘 정돈된 전지(剪枝) 모습도 눈에 담았다. 그날 하루 동안 파리 시내를 오가며 다섯 가지 이색 풍경을 목격했다.

  그 하나는 길거리 한적한 곳에 대형 차량을 주차해 놓고 짐칸을 침실로 개조한 차량 안에서 당당하게 매춘 행각을 벌이는 일이다. 대형

차 안에서의 매춘은 당국이 허가한 사항이라 한다.

두 번째는 해가 질 무렵에 어둑어둑한 가로수 옆에서 성 매수자를 기다리며 서성이던 매춘 여성들도 파리의 이색 풍경이었다.

세 번째는 노상에서 잠자는 사람도 있었고 승용차를 가로막으며 구걸하는 거지들도 보였다. IMF 때 우리나라에서 대거 발생했던 노숙자들의 모습을 연상케 했다.

네 번째는 과일가게에서는 오로지 과일과 야채만 취급하며, 음료수 가게는 오로지 음료수만 팔고 있었다. 그만큼 점포별로 취급 업종이 엄격히 통제되고 있어 타 점포의 취급품목을 침범하지 않고 합리적인 경쟁을 하고 있었다.

마지막으로 프랑스인은 날음식을 안 먹지만, 홍합을 생으로 먹고 있었다. 한국인으로서는 이해할 수 없는 대목이나 그들의 말에 의하면 지중해는 오염되지 않았기 때문이란다.

프랑스 여행 셋째 날이다.

밖에 구름이 많이 끼었으나 운이 좋다는 생각이 들었다. 도착하던 날부터 밤에만 비가 오다 낮엔 개어 주었기 때문이다. 먼저 베르사유 궁전으로 향했다. 루이 14세 때 시작해 루이 16세 때 완성된 궁전이다. 규모가 대단했다. 우리나라 고궁은 그곳에 비하면 장난감 수준이라는 생각이 들 정도였다.

　유명한 에펠탑 앞에서 잠시 쉬어갔다. 첫날 콩코드광장에서 밤에 바라봤던 모습은 어디론가 숨어버렸다. 역시 에펠탑은 밤이라야 멋지다. 점심으로 달팽이 요리를 맛보았다. 식사 후 전날 늦어서 못 가본 색으허돗트식물원을 잠시 들어가 보았다. 입장료가 1인당 5프랑인데 제주의 여미지만도 못했다.

　이어서 루브르 박물관으로 향했다. 규모 면에서 베르사유 궁전에 못지않았다. 내부를 관람하고 나오니 비가 본격적으로 내리기 시작했다. 우산을 받쳐 들고 다시 몽마르트 언덕에 올랐다. 파리 시내가 훤히 보였다. 빗속에서도 화가들이 파라솔을 펼쳐놓고 그림을 그리는 모습이 정겹게 느껴졌다. 오후 8시 20분 런던으로 이동하기 위해 공항에서 가이드와 헤어졌다.

영국, 전통 가치 보존에 고개 숙이다

- 유럽 견학여행 2

파리에서 런던으로 가는 방법은 해저터널 편과 항공편이 있다. 맘속으론 해저터널을 이용하고 싶었으나 예약이 미처 안 돼 손쉽게 이용할 수 있는 항공편을 택했다. 저녁 8시 20분에 탑승하여 9시 30분에 도착했다.

기내의 스튜어디스가 모두 할머니들이라 의아했다. 그들은 20대에 입사해서 정년을 보장받고 지금까지 근무하고 있던 노련한 스튜어디스들이었다. 참으로 박수를 보내고 싶었다.
'우리나라는 어느 때쯤 이런 상황이 도래할까?'

런던은 파리보다 1시간 늦은 시차가 적용되므로 8시 반이 된다. 우선 200달러를 파운드로 환전했다. 달러 가치보다 파운드가 더 높고 물가 또한 영국이 제일 비싸 관광객이 잘 안 온다고 했다. 약속된 가이드가 일이 있다며 대신 초보자를 보냈다. 이 때문에 여러 어려움이 생겼다. 우선 찾아간 호텔에서 예약이 취소됐다는 황당한 통보를 받앉다.

호텔 측과 가이드 사이에 책임 공방으로 추운 로비에서 1시간을 떨다 인근에 있는 '홀리데이 인'이라는 호텔로 옮겼다. 호텔을 찾는데 가이드가 길을 헤매어 가까운 곳을 빙빙 돌며 2시간이나 소비했다. 런던은 대로보다 골목길이 많아 자주 다니는 길이 아니면 찾기가 어려워 보인다.

지도를 보며 찾아갔지만 이런 황당한 일이 생긴 것이다. 가이드도 당황했는지 그 와중에 접촉 사고까지 냈다. 결국 경찰의 도움을 받아 정확한 길로 접어들고 12가 넘어 간신히 숙소에 도착했다. 신사의 나라 영국의 첫날은 이렇게 뒤틀려 버렸다.

영국 견학 둘째 날이다.
숙소가 추워서 잠이 깼다. 시계를 보니 새벽 3시였다. 프런트에 전화해 짧은 영어 실력으로 소리쳤다.
"I am very cold. I can't sleep."
내 말에 영어로 뭐라 뭐라는 답변이 들렸는데 초저녁에만 스팀을 넣어 준다는 소리로 대충 이해됐다. 할 수 없이 벗어둔 외투를 껴입고야 간신히 잠을 청했다. 나중에 알고 보니 겨울철 영국에 오는 한국인들은 모두 나처럼 추위를 느꼈다고 한다. 한국에서 너무 따뜻하게 지냈기 때문이다.

아침에 샤워하다가 또 한 번 곤욕을 치렀다. 욕조가 따로 있었으나 집에서처럼 변기 옆 공간에 서서 샤워했다. 갑자기 물이 점점 차올랐다. 하수구가 막혔나 보다고 생각했는데 아예 하수구가 없었다. 영국 사람들은 욕조 안에서만 샤워하기 때문에 욕조밖에는 별도의 하수구가 없었다. 문화의 차이 때문에 생긴 일로 혼자서 바닥의 물을 처리하느라 수건을 물에 적셔 짜내며 거의 1시간 동안 기운을 쏙 뺐다.

정말 진땀 빼며 문화의 차이를 실감했다.

아침 일찍 가이드가 한국인 유학생인 여대생 통역관 한 명을 대동하고 나타났다. 엊저녁 일로 미안한 감을 느끼는 듯했다. 그리니치천문대부터 먼저 찾았다. 생각보다 규모가 작은 2층 건물이었다. 이 건물 담장에 세로금이 그려져 있는데 이 선이 바로 본초 자오선이 갈라지는 기점이다.

그리니치천문대 본초자오선 앞에서

이동 중 템스 강의 브리지(bridge)가 시야에 들어왔다. 초등학교 저학년 때 국어책 표지에서 익히 본 그 다리의 그림, 정말 감개무량했다. 거대한 다리라고 생각했는데 상상외로 평범한 다리에 불과했다.

템스 강의 타워 브리지 앞에서

트라팔거 광장도 나타났다. 주 광장은 못 보고 옆 골목으로 스쳐 지났다. 스페인과의 트라팔거 해전에서 사망한 영국 해군 제독 넬슨의 넋을 기리기 위해 이곳에 동상을 세우고 광장을 조성한 것이다.

영국의 시내를 돌다 보면 1백여 년 전 골목 모습을 그대로 간직하고 있다. 우리나라 같으면 전통이고 뭐고 다 집어치우고 도시개발 한다며 몽땅 파헤쳤을 텐데 말이다. 영국인의 전통 가치 보존 노력에 고개가 숙여졌다.

다음은 런던 동물원과 장미가든을 둘러보았다. 동물원은 해양 동물사가 좀 인상적일 뿐 입장료만 비싸고 볼품이 없었다. 이곳 장미가든을 본떠 서울대공원에도 장미가든이 조성됐다. 엘리자베스 2세 여왕이 살고 있는 버킹엄궁전도 방문했다. 주말이라 11시 반부터 군인들이 교대하는 모습을 볼 수 있었다. 구경꾼들이 여기저기서 금방 몰려들었다.

점심은 중국인이 경영하는 엄청 규모가 큰 식당에서 했다. 음식도 정결했지만 차가 일품이었다.

이어서 대영 박물관으로 갔는데 입장료가 없었다. 그냥 볼 수 없어 나오면서 기부금으로 3파운드를 함에 투입했다. 이집트관과 로마관이 특히 기억에 남았다. 모두 전쟁으로 노획한 것들이다. 한국관도 눈에 띄지만 대단치는 않았다.

문자의 기원을 알아낸 '로제타 돌'은 이집트와 로마글자가 동시에 새겨져 있어 놀랍다. 미라 관에 전시된 수백만 년 전 인간의 죽은 모습을 그대로 바라볼 땐 옷깃이 여며지며 나도 모르게 합장이 됐다. 박물관을 뒤로하고 '큐가든'이란 식물원 관람을 끝으로 영국 히드로 공항을 이륙해 독일 프랑크 푸르트 공항으로 향했다.

한국의 풍경 같던 독일의 도로와 건축

- 유럽 견학여행 3

프랑크푸르트공항에 도착하자 한국인 가이드가 대기하고 있었다. 독일은 유럽 중 한국인이 가장 많이 살고 있는 나라다.

박정희 대통령이 독일과의 경제협력 단계에서 광부와 간호사를 많이 파견했다. 그때 파견된 분들이 대부분 그곳에 눌러살면서 그리된 듯하다. 그런 연유인지 한국인들이 운영하는 식당과 점포가 꽤 눈에 띄었다.

먼저 찾은 프랑크푸르트 동물원은 시내 중심부에 소재하고 있어 유료주차장을 이용해야 했다. 목이 긴 기린을 위해 먹이통을 높은 나무 위에 올려놓은 것이 이채롭다. 원숭이사도 자연과 잘 어울리게 동굴 형태로 지어놓아 노는 모습이 흥미로웠다.

바로 인근에 있는 팔맨식물원은 원내가 어찌나 넓은지 관람하는데 꽤 오랜 시간이 걸렸다. 오랜만에 한국식당에서 제육볶음과 된장찌개를 먹고 한국 소주와 유사한 독일 소주도 곁들이니 기운이 날 것 같았다.

독일의 거리를 지나다 보면 꼭 한국에 있는 것 같은 착각이 생긴다. 대중교통은 버스보다 주로 전차에 의존하고 있었다. 특히 고속도로는 마치 경부고속도로를 달리는 느낌이었다. 교통 표지판이며, 진출입로며 완전 한국과 똑같았다. 우리나라가 그곳의 도시계획을 모방한 듯하다. 다만 고속도로는 요금소가 별도 설치되어 있지 않았다. 한국과 달리 통행료는 연초에 모든 차주에게 일괄적으로 사전 고지하고 있어 이용할 때마다 요금을 따로 내는 불편이 없었다. 차들이 막히지도 않고 요금 징수에 따르는 비용도 절감되는 효과가 있다.

고속도로를 따라 하이델베르크 성을 방문했다. 도시 전체가 대학과 연관된 건물로 꽉 들어서 있었다. 도시 중간을 가로질러 '네카'라는 강이 흐르고 있다.
에마뉴엘 칸트가 사색하며 산책하던 길도 바로 눈앞에 다가왔다.

이 도시에 가장 거대한 건물은 왕실건물과 교회건물이다. 중세기 교권과 왕권의 대립양상을 보여주는 유적이다. 이 고장의 명물인 거대한 포도주 통을 보기 위해 입장권을 끊고 관람했다.
프랑크푸르트로 되돌아와 마인 강과 라인 강줄기가 마주치는 비스바덴의 로렐라이 언덕에 올랐다.

광활한 강줄기를 따라 도도히 흐르는 물결을 내려다보며 독일통일의

3걸 중 한 분인 비스마르크 동상이 웅장한 자세로 서 있다. 한때는 홍수가 잦아 강 양쪽에 둑을 쌓고 그 위에 자동차와 기차가 다니는 도로와 선로를 놓고 사태를 막기 위해 불모의 땅을 포도밭으로 일구어 세계가 다 아는 '라인강의 기적'을 이루어 낸 곳이다.

　강폭이 우리나라의 한강·임진강과 예성강이 마주치는 조강(祖江)의 넓이에 비길만했다.

　북유럽에 있는 나라들 대부분이 그렇지만 이 나라의 목욕문화도 특이했다. 남녀혼탕 문화가 상존하고 있었다. 할머니와 아들, 며느리, 손자 손녀들이 함께 목욕하는 일이 다반사라 한다.

　우리 일행도 호기심에 한번 들어가 봤다. 처음엔 눈시울이 뜨겁고 부끄러워 제대로 응시도 못 했지만 모두가 나체상태로 자연스럽게 행동하고 있어 점차 익숙해졌다. 성(姓)이 완전 개방된 나라이나 오히려 성범죄가 없다 한다.

　내가 어릴 때만 해도 우리 부모뻘 어른들은 결혼해서 아이를 낳으면 남들이 보는 앞에서 당당히 아기에게 젖을 물렸고 물동이를 이거나 광주리를 이고 다니는 아낙네들은 적삼 밑으로 젖가슴을 노출하고 다니던 것이 예사였다. 그런 모습을 보고 아무도 감히 성적 노리개로 생각한 남정네가 없었다. 아마도 이 나라의 목욕문화는 이런 측면에서 바라봐야 하겠다.

목욕을 마친 후 프랑크푸르트공항에서 국내선을 타고 베를린에 도착했다. 베를린에서 마중 나온 가이드는 20년 전 그곳에 간호사로 왔다가 정착했다며 자기소개를 했다. 가이드가 안내한 호텔에 여장을 풀고 서울에서 싣고 간 소주를 마시며 하루를 마무리했다.

독일견학 둘째 날이다.
오전에 왕실에서 다니던 교회를 방문했다. 유럽은 교회의 지하에 무덤을 쓰는 일이 관례화된 듯하다. 이 교회도 지하에 무덤이 있었다. 베를린 장벽에는 많은 낙서들이 그대로 남아 있었다. 장벽이라야 블록을 2미터가 안 되는 높이로 쌓아 올려 키 작은 나도 까치발을 들면 바깥쪽이 보일 정도였다.

한곳에는 아예 넘어다니는 발판과 계단이 설치되어 있었다. 그곳은 통일 전 군인들이 보초를 서던 곳이며 동서독 주민들이 신분증을 제시하고 상시로 드나들던 곳이다. 우리나라도 이런 정도만 된다면 얼마나 좋을까!

가이드를 따라 남산타워처럼 높은 TV 탑에 올라 베를린 시가지 전경을 바라본 후 독일의 정통요리 바비큐를 시식했다. 독일의 거리풍경이나 건축, 도로의 모습은 한국과 비슷한 점이 많았다. 다만 한국에서 주종을 이루는 획일적인 성냥갑 모양 아파트는 수년 전 동독지역에서 주로 지었는데 미관문제로 철거하고 건축미를 살려 다시 지을 예정이라고 했다.

이 점은 한국의 주택정책에도 고려할만한 사안이라 생각된다. 베를린 동물원에서 각종 새들의 부화과정을 관람하고 새로 지은 화장장의 면모도 살펴본 후 스위스행 비행기에 올라 취리히로 향했다. 밖에는 간간이 비가 내리고 있었다.

독일 베를린장벽 앞에서

비스마르크 동상 앞에서

스위스, 팔라투스산의 장관

- 유럽 견학여행 4

　스위스 견학 날이다. 9시 가까이 돼서야 호텔 문을 나섰다. 유럽에 날아온 지 7일째 되는 날이며, 이곳이 네 번째 방문하는 나라다. 산악지대라선지 불과 몇 미터 앞도 볼 수 없을 만큼 사방에 안개가 자욱했다. 이곳 가이드는 유학 왔다가 눌러앉은 젊은이였다.

　이동 중 언덕길의 경사가 심하고 안갯길이라 약간 겁이 났다. 먼저 취리히 동물원을 방문했다. 돌더산 비탈에 자연 상태로 동물들이 사육되고 있어 동물원이란 생각이 전혀 안 들었다.

　자세히 보니 산속 여기저기에 동물들의 모습이 눈에 띄었다. 캥거루들이 신나게 재롱을 부리는 게 특히 볼만했다. 사자와 호랑이는 물론이고 희귀한 새들도 타 동물에 비길 수 없을 만큼 많았다.

　스위스에 가면 누구나 융프라우는 꼭 보고 오지만 이미 다녀온 일행이 있어 필라투스산으로 방향을 바꾸었다. 그 산도 꽤 높았다. 정상까지 높이가 2천 미터나 된다. 케이블카를 타고 오르다 중간에 한번 내려 바꿔 타야 했다. 밑에는 온통 눈 천지며 점점 오를수록 구름이 발 아래로 깔렸다. 정말 장관이었다.

 산 정상에서 이탈리아식으로 점심을 하고 내려와 루쩨룬 호수에서 잠시 휴식을 취했다. 호수에서 가까운 길가에는 세계 각국에 용병으로 나가 싸우다 희생된 스위스국민들의 넋을 위로하기 위해 설치한 사자상이 있어 묵례를 하고 지났다.

 피파(FIFA)본부 건물도 지나칠 수 없어 잠시 내려 기념촬영 후 시내로 나가 취리히 시청과 홀라우어민스터 교회도 둘러봤다. 교회 위에는 직경 1미터가 넘는 시계가 설치되어 있었다. 그곳뿐만 아니라 교회마다 모두 좌우 탑 밑에 대형시계를 설치해 놓았다. 시계가 그 나라 산업의 중추임을 알리는 모양새다.

 스위스는 점심시간 외에도 오후 3시부터 5시까지는 거의 모든 기관이 업무를 안 봤다. 그 시간엔 휴면을 취한다고 한다. 잘사는 나라라 뭔가 다르다는 느낌이 들었다. 스위스의 대중교통은 독일처럼 전차와 전기 자동차가 주종을 이루고 있었다. 공해를 유발하지 않으니 자연히 공기가 맑을 수밖에 없다.

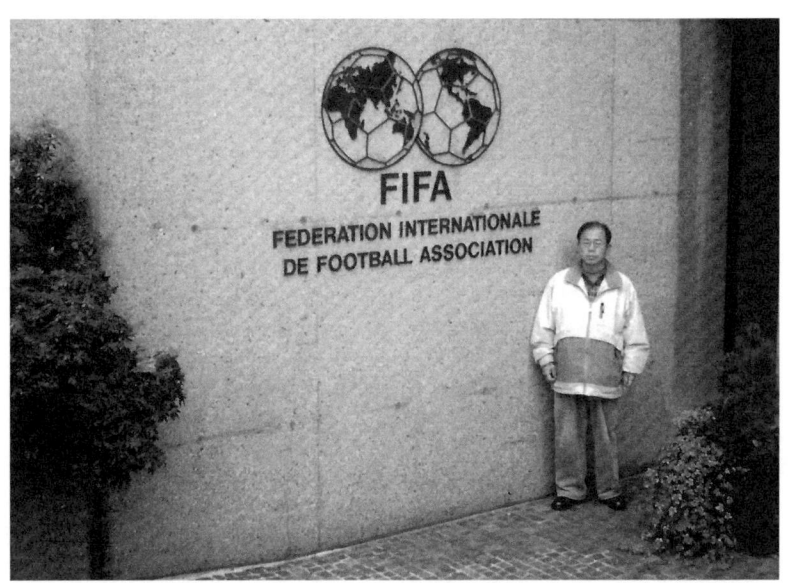

스위스 FIFA 앞에서

국민의 구성은 독일민족이 가장 많고 프랑스와 이탈리아민족이 함께 살고 있었다. 언어도 독일어와 불어, 이탈리아어를 많이 사용했다. 국토의 대부분은 초지로 덮혀 있다.

영국은 성공회가 왕성하고 프랑스는 구교가 왕성한 반면, 독일과 스위스는 신교인 기독교 일색이다. 여기서 가이드와 작별하고 마지막 여행지인 로마로 향했다.

산타루치아와 폼페이의 이탈리아

- 유럽 견학여행 5

이탈리아 견학 첫날이다.

호텔에서 아침 식사를 하려고 혼자 식당으로 내려갔다가 한동안을 헤맸다. 분명 식당이 지하 1층에 있는 걸로 엊저녁 확인했는데 지하 1층을 아무리 돌아다녀도 식당이 안 나왔다.

유럽에 오니 도대체 층간 개념이 헷갈리고 아리송하기만 했다. 사실 독일에서부터 헤맸다. 독일은 화장실 이용도 불편했다. 소변기가 너무 높이 달려 키 작은 나는 소아용을 이용할 수밖에 없었다.

프랑스는 어떤가! 화장실마다 관리인이 돈을 받았다.

프랑스에서는 화장실 이용을 위해 1달러짜리를 항상 준비하고 다녀야 했다. 한국에서는 지상층을 1층이라고 인식해 왔는데 유럽은 달랐다. 우리가 생각하는 1층은 '0'층에 해당했다. 우리가 생각하는 2층이 유럽에서는 1층이었다. 그러니 헷갈릴 수밖에…. '0'층엔 알파벳으로 E라고 표시해 놓았다. EARTH(땅, 지구)의 약칭이다. '0'층에 있는 식당을 한국식으로 지하 1층에서 찾고 다닌 꼴이었다.

 로마시를 벗어나 나폴리로 향했다. 고속도로는 이곳도 독일처럼 한국과 별반 다름이 없었다. 주변 산들도 모두 한국과 비슷했다. 이탈리아는 화폐의 액면 금액이 너무 높아 계산에 다소 생소함을 느꼈다. 한국에서는 1만 원권이 주로 사용되지만 이탈리아는 10만 리라가 주로 사용되며 고액권은 50만 리라도 있었다. 돈 가치가 없으니 음료수를 몇 개 사도 10만 리라가 순식간에 나갔다.

 나폴리로 가는 중간에 차를 세우고 캔맥주 1개 사려고 '비어' 하고 주문했다. 조금 후 종업원이 소시지 같은 걸 내놓았다. 맥주는 '비루'라 해야 알아들으며, 슈퍼마켓은 '슈페르마케르트'라고 소리 나는 대로 읽어야 했다. 이탈리아어는 알고 보니 발음이 쉽다.

 '나폴리를 보고 죽어라'란 유행어가 있을 만큼 아름다운 나폴리 항에 도착했다. 나폴리 항은 호주의 시드니 항, 브라질의 리우데자네이루 항과 함께 세계 3대 미항(美港)의 하나로 알려져 있다.
 아름다운 산타루치아 해안이 눈앞에 다가왔다. 이 해안의 아름다움 때문에 미항(美港)이라 불리는가 보다. 해안 너머로 보이는 망망대해! 그곳이 바로 지중해다.

폼페이로 이동해 스파게티를 먹었다. 쉬는 사이 어느 놈팡이가 가이드의 차를 열려다 흠집을 내놓았다. 주변국에서 몰려온 난민들이 들끓어 한눈팔면 보따리고 지갑이고 '네다바이'를 당한다며 가이드가 주의를 환기시켰다.

폼페이는 기원전 300여 년에 건립된 도시이며 AD 79년에 폼페이 인근에 있는 베스비오 화산이 폭발해 가스와 진흙이 도시 전체를 뒤덮고 그 위에 다시 용암이 쌓여 매몰된 것을 고고학자들이 발굴해 현재의 모습으로 드러났다.

폐허의 현장을 답사하다 보니 잘 설계된 도시시설들, 예컨대 의회 의사당, 신전, 창녀촌, 요정, 목욕탕, 극장 등을 통해 당시의 호화찬란했던 문명이 어슴푸레 눈에 보이는 듯 아물거렸다. 진흙에 파묻혀 죽은 시신들의 잔해도 고스란히 드러난 채 잘 보존되어 있었다.

다음은 음악으로 유명한 소렌토 항으로 향했다. 그곳도 아름다움은 나폴리에 비길 만했다. 따뜻한 남쪽 나라로 간 덕에 갈 때 걸친 옷들이 무겁게 느껴지고 이동 중 간간이 졸음이 쏟아졌다.

유럽여행 마지막 날이다.
로마시에 있는 바티칸시국에 들렀다. 로마교황이 머무는 곳이다.

2000년도 그해가 바로 가톨릭 100주년이었다. 평소에는 교황청의 쪽문으로 드나드는데 그 날부터 한 달간 출입문을 활짝 열어놓았다.

교황이 2층에 올라 깃발을 휘두르는 모습이 보였다. 건물 내는 온통 역대 교황들의 무덤으로 꽉 차 있었다. 엘리자베스 여왕의 시신도 2층에 안치되어 있었다. 나는 교회고 성당이고 안 다니는데 성당에 다니는 분들은 1백 년 만에 맞는 특별하고 좋은 기회를 가졌다며 부러워했다.

로마동물원도 중간에 들러보았다. 규모가 대단했다. 이어서 폼페이보다 훨씬 앞서 건립된 원형극장을 견학하며 현대도 어렵다는 호화판 원형 건축을 지금부터 2000년 전에 이미 완성했다는 점에 고개가 절로 숙여졌다. 유서 깊은 로마 박물관에서는 말로만 듣던 미켈란젤로가 그린 천장 그림과 레오나르도다빈치의 역작 등 수많은 유명 미술품을 한꺼번에 실제로 목격할 수 있었다.

성 베드로 성당의 관람을 마치고 나니 다시 어둠이 찾아왔으며 우리는 8박 9일의 긴 여정을 마치고 귀국길에 올랐다. 여행 일정은 3명이 줄곧 승용차를 운전하여 이동하며 사전 계획에 따라 신속히 움직였다. 그러다 보니 다른 여행객들이 20여 일 걸려 볼 수 있을 만한 많은 현장을 짧은 기간에 실속 있게 관람했다.

그립던 금강산에 오르다

 내가 전에 근속했던 회사에서는 각부서의 추천을 받아 선발된 모범사원을 대상으로 매년 1~2회씩 금강산 연수를 실시해 왔다. 2008년 6월에도 회사의 금강산 연수계획이 확정됐는데 나도 그 대열에 끼는 행운이 찾아왔다.

 사실 내가 연수대열에 끼게 된 것은 모범사원이라기보다는 다음 해 정년이 도래하므로 회사에서 배려차원에 포함시켰다고 봄이 타당할 것이다. 그해 6월 말 연수생 일원은 잠실운동장에서 출발하는 현대아산의 관광버스에 올랐다.

 내 나라이면서도 맘대로 갈 수 없는 땅. 살아생전에 한번은 꼭 가보고 싶던 그리운 땅. 그 땅을 향해 운 좋게도 마침내 출발의 시동이 걸렸다. 연수생을 태운 관광버스는 3시간 반 만에 강원도 고성 땅에 도착했다.

남측출입국관리소 구내식당에서 간단히 점심식사를 마쳤다. 외국으로 출국할 때보다 오히려 출입수속과 검문검색이 훨씬 까다로웠다. 검색대를 통과하는 시간이 무려 1시간 반 가까이 걸렸다. 핸드폰도 못 가지고 들어가게 해 모두 남측 출입국관리소에 보관했다. 북쪽의 도로는 매우 한산했다.

차창을 통해 나지막한 산들이 시야에 들어왔다. 산들은 한결같이 민둥산이어서 마치 5·16 이전 남한의 산 모습을 보는 듯했다. 간간이 김을 매는 농촌 아녀자들도 보였지만 그들은 모두 의도적으로 버스를 등지고 작업했다. 논두렁엔 총을 든 군인들이 왔다 갔다 하며 이들을 감시하는 듯했다.

모내기도 하고 있었다. 60년대 남한처럼 모판에서 떠낸 모를 못줄에 맞춰 손으로 심는 원시적 농법을 쓰고 있었다. 출입국관리소를 떠난 지 40분 만에 장전항 바지선 위에 떠 있는 수상건물인 해금강 호텔에 당도했다.

첫날은 숙소에 짐을 풀고 온정리로 옮겨 저녁 식사를 마친 후 인근에 있는 바에 나가 생맥주를 몇 잔 마셨다. 북한의 미인 여성 종업원들이 서빙하는데 남한 여성 못지않게 세련된 모습을 볼 수 있었다.

온천장에서 목욕도 하고, 면세점에서 머루주와 안줏거리도 사고, 생전에 북한 땅을 밟은 게 신기해 밤 12시가 다 되도록 돌아다니다 아쉬움을 안고 숙소로 돌아왔다.

북한에서의 하룻밤이 지났다.
맑고 쾌청한 아침이다. 7시 이전에 식사를 마치고 구룡폭포와 팔상담(八上潭)을 찾았다. 구룡폭포는 완만한 코스라 오르는데 그리 힘든 줄 못 느꼈다. 그러나 팔상담은 꼬불꼬불 비탈길로 차가 곡예를 하듯 올랐고 차가 멈춘 후에도 꽤 많이 걸어야 도착할 수 있었다.

물이 맑아 마치 푸른 물감을 칠한 듯한 8개의 바위 웅덩이에 생긴 연못이 차례로 눈앞에 나타났다. 이 웅덩이 연못 여덟 개의 이름이 팔상담(八上潭)이다. 내려올 때 신계사란 절이 보였다. 아쉽게도 운전기사는 절을 보여주지 않고 그냥 지나쳤다. 그리고 곧 목란관에 도착했다. 특식이라며 한복차림의 여종업원들이 접시에 '단고기'를 내놓았다. 개고기를 북한에선 '단고기'라 했다.

"Thank you!"
내가 반응을 보이자 여종업원이 의자 옆으로 다가앉았다. 웃으며 영어 좀 가르쳐 달란다. 우리도 그냥 웃어넘겼다. 오후에 삼일포를 관람했다. 거대한 호수 한가운데 정자가 보였다.

고려시대 보문각 대제학을 지낸 나의 1세조 박숙정(朴叔貞) 님이 삼일포에 사선정(四仙亭)을 짓고 안향 등과 교류했다는 기록이 족보상에 올라 있다. 시계를 700년 전으로 돌리며 당시의 정경을 머릿속으로 그려보았다.

오후 4시 반에 관람한 북한 소년소녀단원들의 교예(姣藝)도 인상적이었다. 북한은 그들과 같이 연예계통에 종사하는 자들의 지위가 꽤 높다 한다. 차로 이동할 때 간간이 보이던 시골엔 마을마다 군인들이 빈틈없이 지키고 있었다. 군인들은 북한 주민이 남한 사람들에게 한눈을 팔지 못하도록 철저히 감시했다. 우리가 묵은 호텔은 북한 땅이지만 남한 방송만 흘러나왔다.

종일 돌아다녀 둘째 날은 저녁 후 곧장 숙소로 돌아와 퍼졌다.

금강산 여행 3일째 날이다.

해금강 호텔에서 짐을 챙겨 나왔다. 이날도 쾌청했다. 운 좋게 3일 연속 비 한 방울 안 맞았다. 9시경 만물상 입구에 도착했다. 가파르긴 했지만 코스는 짧았다. 50분 만에 정상에 올랐다. 첩첩한 돌산과 형형색색의 바위들이 대조를 이루며 장관을 드러냈다.

점심은 말로만 듣던 옥류관에서 놋그릇에 담긴 냉면을 시식했다. 미녀들이 한복을 곱게 차려입고 웃으며 맞이했다. 이날 12시 50분 관광을 마

금강산

금강산 옥류관 앞에서

치고 서울로 향했다. 북한 술과 옥수수 등을 선물로 사 왔지만 인기가 없다. 이틀간 산을 오르내리며 극기 훈련한 덕에 몸무게가 현저히 줄었다.

금강산 관광을 총체적으로 평가한다면 남한의 설악산 정도라고나 할까? 내 맘대로 갈 수 없는 곳이란 걸 빼놓으면 중국의 장가계에 비길 바가 못 된다.

그 후 내가 금강산을 다녀온 지 한 달 만인 7월 11일 새벽, 53세 된 박왕자 씨가 금강산 관광 도중 피살되면서 금강산관광은 전면중단되고 말았다.

금강산 온정리광장

자유여행으로 다시 만난 프랑스

- 3대가 함께 한 유럽 자유여행 1

2015년 초 아들 녀석이 '손자 지환이가 3월에 초등학교에 입학하는데 입학 전 유럽문화를 체험하게 하고 싶다'며 할아버지인 나도 함께 갈 수 있는지를 타진해왔다. 처음 시도해보는 유럽 자유여행이라서 전에 유럽을 다녀온 적이 있는 나에게 도움을 청한 듯하다.

경비문제가 다소 부담되긴 했으나 나는 그 자리에서 쾌히 승낙하고 그동안 줄곧 구정에 지내오던 차례를 신정 때 앞당겨 지내기로 했다. 유럽여행은 최소한 10일 이상이 소요되므로 직장문제가 마음에 걸리기 때문이다.

아들의 부담을 줄여주기 위해 내 여행경비는 내가 스스로 조달하고 손자경비도 일부 내가 부담키로 했다. 아녀자는 빼고 남자인 '나와 아들과 손자' 셋에서 출발하는 게 조금 미안하나 아내도 며느리도 크게 개의치 않았다.

가이드 없이 스스로 찾아다니는 자유여행은 나도 경험이 없어 긴장감이 돌았다. 인천공항에서 항공권을 발매하고 짐 부치고 로밍하는 일련의 절차와 검색대 통과까지 1차 관문은 어렵지 않게 해결하고 비행기에 올랐다. 우리 시간으로 22시 20분에 파리 샤를드골 공항에 내렸다.

파리시간으로는 오후 2시 20분, 한낮이었다.

수화물을 끌고 숙소 근처의 '포르트 디브리역'까지 전철을 이용했다. 자동화 기기에서 전철 표를 뽑을 때 언어가 안 통해 한참 헤맸다. 숙소는 서울에서 사전 예약해 둔 '알로 파리하우스'란 곳이며 전철역에 인접한 건물 33층으로 찾는 데 어려움은 없었다. 건물주는 중국인이며 한국인이 33층 전체를 임대해 민박집으로 운영하고 있었다.

저녁 식사 후 피곤해서 바로 잠이 든 후 눈을 떠보니 시계가 7시 반을 가리키고 있었다. 8시부터 아침 식사를 제공한다는 말이 생각나 부랴부랴 세수하고 준비하는데 옆 방 사람들은 그 시간에 잠 잘 준비를 하고 있었다. 이상해서 물어보니 현지시각은 그때가 밤 12시란다. 시계를 현지시각으로 돌려놓지 않은 탓이다.

출국하면서 서울은 영하 11도라 잔뜩 껴입었는데, 파리는 영상 5도여서 옷이 거추장스러웠다. 6살밖에 안 된 어린 손자가 엄마 안 찾고 잘 따라주어 다행이다.

파리 자유여행 둘째 날이다.

민박집에서는 아침 식사와 저녁 식사만 제공하므로 점심은 그때그때 형편에 따라 매식해야 한다. 조식 후 다음 여행국인 스위스행 기차표를 예매하기 위해 예약이 가능한 '리옹역'으로 향했다. 티켓 자동발매가 힘들어 첫날은 역무원의 도움을 받았다. '리옹역' 2층 매표소에서 영어가 서툴러 한동안 진땀을 **빼**며 이틀 후 오전 10시 23분 스위스행 기차 '테제베'의 예약을 끝내고 '에펠탑'을 보러 갔다.

파리의 전동차는 낡아서 그런지 서울만 못했다. 전동차가 도착하면 문에 부착된 버튼을 눌러야 문이 열리고, 내릴 때도 버스처럼 미리 버튼을 눌러야 한다. 누르지 않으면 그냥 통과했다.

15년 전 공무 여행으로 왔을 때는 '에펠탑' 밑에서 사진만 찍고 지났다. 줄 서서 기다리는 사람이 많은데 어린 손자는 올라가 보고 싶다며 졸랐다. 손자 덕에 1시간가량을 기다려 엘리베이터로 정상까지 올라가 봤다. 곁에 보이는 세느 강변에선 셋이서 조깅도 했다.

'루브르' 박물관까지 걸어서 이동하려다 춥기도 하고 너무 멀어 버스 탑승도 체험해보기로 했다. 정류장에서 보니 72번이 그리로 갔다. 전철표 하나로 버스도 환승이 되어 별도로 버스표를 구입할 필요는 없었다. 중간에 '노트르담 성당' 앞에서 내려 햄버거로 점심을 때웠다.

마침 성당의 미사 시간이었지만 루브르 박물관을 보기 위해 성당 안은 들어가지 않고 발길을 옮겼다. 그러나 가는 날이 장날이라고 바로 그날은 화요일로 루브르 박물관이 매주 휴관하는 날이었다.

루브르 박물관 앞에서 손자가 콜라를 마신 후 소변이 마렵다며 금방 쌀 듯 보챘다. 주변에 공중화장실은 아무리 둘러보아도 찾을 수가 없었다. 할 수 없이 근처 호텔에 들어가 지배인에게 사정을 얘기하니 지하 1층의 화장실로 안내해 주었다. 너무 고마워 나오면서 연실 "탱큐, 탱큐"하고 지배인에게 머리를 조아렸다.

전철을 타고 개선문과 콩코드광장 사이에서 내려 샹젤리제 거리를 걸었다. 개선문도 전에는 곁에서 보고 지났지만 이번엔 입장료를 내고 올라가 봤다. 1인당 입장료가 에펠탑은 15유로, 개선문은 9유로를 받았다.
개선문에 오르니 파리 시내와 세느강의 모습이 한눈에 들어왔다. 우리나라도 독립문을 올라가 볼 수 있도록 꾸미고 입장료를 받는다면 어떨까! 하고 파리를 여행하며 생각해 봤다.

종일 전철을 타고 돌아다녀 이제 아무 곳이나 지도만 보고 찾아다닐 수 있을 만큼 익숙해졌다. 나는 저녁 식사 후 곤해서 금방 곯아떨어졌지만, 아들 녀석은 전날에 이어 오늘도 옆방에 묵고 있는 대학생들과 술 한잔하며 정보를 교류했다. 머물고 있던 숙소 이용료는 1일 100유로다.

파리 자유여행 셋째 날이다.

오전에 몽마르트 언덕을 둘러보고 오르세 미술관으로 이동했다. 몽마르트 언덕은 2000년에 왔을 때와는 사뭇 환경이 달라져 있었다. 축대를 쌓아 자연미가 없어졌고 그림 그리는 사람도 안 보였다. 대신 이슬람 계통의 건전치 못한 세력이 활보하고 있어 경찰들이 단속하느라 신경을 곤두세우고 있었다. 에펠탑에서도 상황은 비슷했다. 몽마르트 언덕에서는 셀카봉을 감쪽같이 도둑맞았다.

파리의 전철망은 꽤 잘되어 있다. 모두 14개 노선이 있으며 역 간 거리가 가까워 어디서든 1분 이내에 도달할 수 있는 거리였다. 다음 행선지는 베르사유 궁전으로 정했다. 몽마르트에서 베르사유 궁전까지는 외곽으로 1시간 이상 열차를 타고 이동해야 한다.

교통체계는 지하철과 버스, 외곽의 지방으로 가는 RER 노선, 그리고 지상 전차가 있다. 외곽으로 뻗은 RER 노선은 우리나라의 기차역과 비슷하게 운영된다. A, B, C 3개 노선이 있으며 베르사유 궁전을 가려면 'RER C' 노선을 타야 한다. 그런데 방향감각이 없어 거꾸로 몇 정거장 달린 후에야 잘못을 알아채고 되돌아가 비로소 유서 깊은 베르사유 궁전을 구경하고 나왔다.

숙소인 '알로 파리하우스'로 돌아와 스위스로 이동하기 위해 10여 분 거리의 파리 지하철 14호선을 탔다. 스위스로 가는 시발점 리옹역은 숙소에서 네 정거장밖에 안 되는 가까운 거리에 있다. 테제베 승강장은 버스정류장처럼 매표소 바로 옆 지상에 위치해 접근성이 좋았다.

파리시가지 전경

스위스 융프라우에서 신라면을 맛보다
- 3대가 함께 한 유럽 자유여행 2

'취리히'로 가는 직행열차가 있었지만 빙빙 돌아가므로 시간을 줄이기 위해 중간역인 '바젤역'에서 환승했다. 바젤역에서 '인터라켄'으로 가는 기차는 수시로 있었다. 좌석이 일등석이라 자리가 넓고 편해 2시간을 가도 전혀 지루함을 못 느꼈다.

스위스 인터라켄에 예약된 숙소는 '스타 B앤B'라는 곳이었다. 파리에 비하면 호텔 수준이며 민박요금도 1일 150유로로 비쌌다. 열차에서 내다본 풍광 또한 일품이었다.

스타 B앤B 민박집에서 새벽녘에 요란하게 핸드폰이 울렸다. 서울 시설관리공단 총무처장 김태임이었다. 푹 곯아떨어졌는데 잠이 싹 달아났다. 시계를 보니 새벽 1시이지만, 서울은 지금 아침 9시다.

이제 출근했나 보다. 어린이 대공원 사육사가 어제 사자 우리에서 밥을 주다가 사자에게 물려 사망했는데 나와 잘 아는 분이 망자의 친척이어서 그의 소재를 알아보고자 함이었다. 안된 일이지만 나에게도 연락처가 없었다.

다음 날 아침엔 알프스산 꼭대기의 '융프라우'로 가기로 했다. 2000년에 공무로 이곳에 왔을 땐 함께 온 분이 이곳을 이미 와 봤다 하여 아쉽게도 필라투스로 목적지를 돌렸었다.

숙소 근처에서 버스를 타고 시발역인 그루첼프(grutchalp)역에 도착했다. 거기서 톱니바퀴 차에 올라 사방이 눈으로 덮인 환상의 길을 오르기 시작했다. 기차의 힘이 달리는지 중간에 다른 기차로 두 번을 갈아타고 정상에 도달했다. 정상과 연결된 톱니바퀴 기차는 빨간색이다.

영어로 안내가 나오고 다음에 일본어 안내가 나왔다. 그리고 중국어로 안내가 나오더니 마지막에 한국말이 나왔다. 우리나라의 국력이 그만큼 성장했음을 보여주는 대목이다. 그쯤 오르면 고산병(高山病)을 호소하는 분이 생긴단다. 다행히 아들도 손자도 나도 이상이 없었다. 정상에서 내리자 약간 현기증이 생겼지만 이내 사라졌다. 꼭대기 층에서 우리나라의 신(辛)라면을 하나씩 공짜로 주어 시식했다.
정상에서 맛보는 신(辛)라면 맛 정말 좋았다.

내려올 때 아들 녀석은 '스노우보드'를 타고 싶다며 중간에서 헤어져 '뱅언역'까지 '스노우보드'를 타고 미끄러져 갔다.

길눈이 어두운 내가 손자만 데리고 내려오다 차를 잘못 타 엉뚱한 곳에서 헤맸다. 영어로 손짓 발짓하며 종이에 써서 보여주기도 하며 어둑어둑해서야 어름어름 출발지로 되돌아왔다. 길을 찾느라 진땀을 뺐다.

다음 날은 스페인으로 떠나는 날이다.
숙소 스타 B앤B에서 인터라켄역의 서역(西驛)으로 나왔다. 손자가 핸드폰을 숙소에 두고 나와 아들과 손자가 찾아오기 위해 뜀박질을 하는 사이 열차를 놓칠지 몰라 조마조마했다.

미리 준비한 유로패스를 이용해 제네바공항까지 수월하게 도착했다. 이번에도 중간에 '즈바이즈 민스역'에서 환승 후 경치가 좋다는 '몽뜨레역'에서 내려 역 주변 해안을 1시간쯤 걸어 봤다.
인터라켄에서 제네바로 가는 기차의 선로 주변은 경치가 좋아 '골든패스'란 이름의 기차가 특별히 운영되고 있다. 타보니 역시 차창으로 비치는 풍광이 운치가 있었다.

제네바에서 바르셀로나로 가는 비행기는 오후 6시 10분이다. 시간이 남아 면세점을 둘러보았으나 어린 손자가 너무나 지루함을 호소했다.

2부 바깥세상을 만나다

스페인, 바르셀로나에서 마드리드까지

— 3대가 함께 한 유럽 자유여행 3

　외국에서 외국으로 이동할 때 가이드가 없으니 꽤 불편했다. 묻고 물어가며 스위스 제네바공항에서 오후 6시 10분에 바르셀로나행 비행기로 갈아탔다.
　바르셀로나 공항에서 내려 '까탈로니아' 광장까지는 버스로 이동했다. 이 광장에서 숙소는 멀지 않았으나 밤이라 주변을 빙빙 돌다 간신히 찾아갔다. 너무 시간이 늦어 손자는 곯아떨어지고 허기도 왔다.

　빵이라도 사러 나갈까 했으나 민박 주인아주머니가 평소 먹던 밥을 내놓아 한술 뜨고 말았다. 민박요금은 1일 120유로로 파리보다는 비싸고 스위스보다는 쌌다. 민박요금뿐 아니라 일반 물가도 스위스가 제일 높았다.

　다음 날 아침 가볍게 차려입고 거리로 나갔다. 남쪽 지방이라 기온이 꽤 높았다. 유명한 '파밀리아성당'을 관람하려면 예약이 필수다. '라 카시아' 은행 자동화기기에 카드를 넣고 예약하려다 몇 번을 실패했다.

난처해 하던 중 요행히 한국인 가이드를 한 분 만나 도움을 받을 수 있었다.

스페인 자유여행 첫날이라 가벼운 마음으로 교외에 있는 '몬세라성당'을 다녀왔다. 교통체계가 파리와 유사하나 파리는 통합권 10매를 구매해 1장씩 사용하고 바르셀로나에서는 한 장으로 10번을 사용하게 되어 있었다.

스페인에서는 말이 너무 안 통했다.
파리에서는 서툰 영어라도 써먹었으나 스페인에선 시골로 가면 영어조차 안 통했다. 지중해 연안으로 나가봤다. 콜럼버스 동상이 장대처럼 높은 대위에 세워져 있었다. 뱃놀이도 40분쯤 했다. 피카소와 콜럼버스가 그 지역 사람이었다.

스페인 자유여행 셋째 날이다.
먼저 숙소에서 가까운 '구엘공원'을 관람 후 전날 예약해 둔 파밀리아성당으로 향했다. 도착하니 이미 줄이 100미터는 늘어섰다. 예약했기 때문에 창구에서 바로 표를 받아 들어갈 수 있었으나 안내원들이 매우 불친절했다. 성당 앞에서 창구의 위치를 묻자 안내원은 손가락으로 방향만 가리켰다. 손가락이 가리킨 방향으로 계속 가다 입구가 바로 옆인 걸 모르고 지나쳤다. 그래서 지정된 창구를 못 찾고 두 바퀴를 헛돌다 간신히 입구는 찾았으나 화가 치밀었다.

'사람이 많아 짜증도 나겠지만 외국인 관광객에게 좀 친절히 가르쳐 주면 안 될까!'

그곳 성당은 '가우디'라는 세계적인 건축가가 짓기 시작하다 못 마치고 죽었다. 그 후 매년 모금을 해 건축 중이며 2026년에야 모든 건축물이 완공된다고 한다. 유럽의 볼만한 문화재는 거의 기독교 유산들이다. 한국이 불교 유산을 보존하고 있는 것과는 대조적이다.

점심엔 '람불란스거리'의 '레이알광장'에서 그 나라의 유명 음식인 '먹물 파에야'를 시식했다. 스페인어로 돼 있어 주문하느라 애를 먹었다. 시장 골목을 돌아다니며 문화 체험도 해봤다. 우리나라의 남대문시장처럼 서민적이나 입에 맞는 음식은 별로 없었다. 시장에서 산 포도주만 몇 병 숙소에서 들이켰다.

바르셀로나에서 스페인의 수도 마드리드로 떠나는 날이다.
'까탈로니아역'에서 '산츠역'까지 간 후 마드리드행 기차표를 끊었다. 렌페(renfe)라는 이름의 기차인데 프랑스의 떼제베와 거의 유사했다. 차내에서 간단한 음식과 차가 나왔다. 처음엔 바보처럼 유료인 줄 알고 거절했다. 기내식처럼 기차 안에서도 제공하는 걸 몰랐기 때문이다.

프랑스와 스위스는 민박집에서 아침과 저녁을 제공하지만 스페인은 아침만 주므로 식비가 더 나갔다. 산츠역에서 렌페를 타고 '아토차역'까지 갔다. 거기서 전철로 갈아타고 숙소 근처인 '프린시페피오역'으로 향했다.

마드리드의 민박집 주인이 차를 가지고 역까지 마중을 나왔다. 민박집에 짐을 풀고 바로 '세고비아'로 이동했다. 고속버스로 1시간 10분쯤 소요됐다. 로마 건축양식인 '수도교'가 볼거리다. 버스가 40분마다 1대씩 있어 길에서 소진하는 시간이 많았다.

저녁엔 '솔광장'에 있는 '엘 꼬르떼 잉글레스' 백화점과 주변 골목을 돌아봤다. 민박집엔 우리와 또 다른 부부 한 가족만 있어 조용히 지낼 수 있었다.

다음 날은 스페인의 옛 수도였던 '톨레도'를 관람하며 하루를 보냈다. 톨레도까지 고속버스로 왕복표를 끊었지만 돌아다니다 표를 잃어버렸다. 시골이라 영어도 안 통하고 스페인어도 못해 상황을 설명하는 데 한참 걸렸다.

이때 아들이 핸드폰의 통역 칩을 사용해 운전기사와 말이 통했지만 결국 편도로 표를 더 끊고 돌아왔다. 톨레도는 마드리드로 옮기기 전의 수도이며 볼거리가 많았다.

톨레도의 정문에서 '소꼬베르광장'으로 나가면 세계 3대 성당 중 하나라는 '톨레도성당'이 나오고 '산토토메교회'도 나왔다. 톨레도 관광을 마치고 저녁엔 마드리드의 '마이요르광장' 주변의 재래식 시장을 구경했다. 정리 정돈이 잘돼 있고 꽤 친근감이 가는 시장이었다.

숙소로 돌아오니 한국 대학생 한 명이 출국 일자를 잘못 알아 하루를 너 묵기 위해 우리의 옆방에서 함께 지내기로 했단다.

2015년 2월 19일, 우리나라의 음력 설날이다. 유럽여행을 위해 양력 1월 1일 차례를 마쳤으므로 마음은 편했다. 서서히 유럽 자유여행을 마치고 귀국길에 올랐다. 공항 가는 시간이 촉박하다며 민박집 주인이 라면을 끓여 주었다. 프린시페피오역까지 걸어가서 10호선을 타고 가다 8호선으로 갈아타니 바로 공항이 나왔다. 그런데 일반 전철용 표로는 공항에서 개찰구로 통할 수가 없었다.

1인당 3유로를 더 주고 개찰구에서 입장표를 다시 받았다. 출국할 때는 대한항공이라 마음이 놓였다. 다른 외국 항공기보다 서비스도 훨씬 나았다. 기내의 좌석마다 일회용 슬리퍼가 비치되어 있고 치약과 칫솔도 개개인에게 지급해 주었다. 12시간 비행 중 기내식도 2번이나 나왔다. 다녀보니 우리나라 대한항공이 최고다. 기내에서 하루를 보내고 다음 날 새벽 12일 만에 인천공항에 안착했다.

한국의 영산! 백두산

작년부터 벼르다 날짜가 안 맞아 불발된 여행계획이 드디어 이루어지게 됐다.

인천공항 제2 터미널에서 출발한 지 2시간 반 만에 중국 목단강 공항에 도착했다. 공항은 초라하고 입국심사도 원시적으로 이루어지고 있었다. 이번에 내가 합류한 팀은 모두 19명이나 됐다. 가이드를 따라 33인용 버스로 이동하며 처음 방문한 곳이 발해의 수도였던 상경용천부이다.

허허벌판에 다만 고정(古井)이란 우물터와 관청의 유허지에 주춧돌만 남아있을 뿐이다. 독립운동가 김좌진 장군이 이곳에서 돌아가셨다 한다. 행정구역상 하얼빈시에 속한다. 안중근 선열님의 모습도 머릿속을 맴돈다.

우리의 선조들이 두만강을 넘어 이 지방에 정착하게 된 건 대략 3번의 계기가 있다.

첫 번째는 1860년대로 주로 함경도인들이 기근을 극복하려 비옥한 토지가 있는 이곳으로 이주했고, 두 번째는 1905년 을사늑약 이후 독립운동 차 이곳으로 이주했으며, 세 번째는 1930년 만주사변 때 일제에 의해 강제로 끌려왔다가 이곳에 정착한 것이다.

여기서 가까운 연변은 조선족 자치구가 있으며 소수민족 중엔 조선족이 제법 잘사는 것으로 알려졌다. 연변은 백두산 가는 길목에 있다. 연변에서 이곳 주민들이 명절이면 빼놓지 않고 먹는다는 물만두로 배를 채웠다. 연변 거리의 간판은 거의 한자와 한글을 병행하여 표시하고 있다. 발해가 멸망한 후 이 땅은 지금까지 남의 나라가 돼 있지만 주민들의 생활상은 우리나라와 거의 닮았다.

아마도 1702년 화산 폭발 당시 폐허가 된 것은 아닐까 하고 생각해 본다. 연변은 벼농사 못지않게 옥수수 농사가 주종을 이룬다. 멀리서 바라보면 옥수수밭이 꼭 벼를 심은 듯 보인다.

도중에 들른 흥륭사는 발해 3대 왕이 건립했다는데 법당 5채가 일렬로 늘어선 느낌을 준다. 불심 깊은 아내는 이곳에서도 열심히 기도하는 모습을 보여주었다.

백두산은 내일 오른다. 오늘은 그 길목에 있는 이도백하 마을에 여장을 풀었다. 조그만 도시지만 짜임새를 갖춘 관광지다. 백두산엔 자작나무 고목에서 나온 차가버섯과 목이버섯, 송이버섯이 유명하단다. 저녁엔 송이버섯과 돼지고기, 소고기가 어울린 특식을 먹고 장백산 특별공연도 선택 관광으로 추가해 관람했다.

 10월 1일부터 7일간 중국은 국경일 기간이다. 그 통에 중국인들의 관광이 겹쳐 일찍 오르지 않으면 2만여 명의 인파에 갇혀 관람이 어렵단다.

 아침 5시 정각, 어제 만난 일행들의 들뜬 모습이 호텔 로비로 드러나 보인다. 밖에 나오자 부슬부슬 비가 내린다. 순간 '오늘 천지는 보기 글렀다'는 생각이 머리를 스쳤다. 차는 이도백하(二道白河) 마을을 뒤로하며 쾌주하고 있다.

 '제발 비야 멈춰라!' 모두의 간절한 바람이다. 한참을 달린 후 우리는 셔틀버스 승강장에 도착했다. 셔틀버스 승강장은 이미 관광버스로 초만원이다. 거의 1시간을 기다린 끝에 셔틀버스에 탑승했고 다시 1시간쯤 달렸다. 오름길이지만 경사가 완만해 평지를 달리는 것 같았다. 셔틀버스 종점에 이르니 비가 그치고 맑은 하늘이 드러났다.

 모두 환호했다.
 여기부턴 10인승 승합차로 환승하고 오른다. 1시간쯤 여유를 이용해 폭포수를 관람하는 시간이 주어졌다. 이 폭포수를 넘으면 바로 천지가 있는 곳이다. 우리 부부는 밑에서 사진만 찍고 오르진 않았다. 아내가 며칠 전부터 한쪽 무릎이 아프다고 호소했기 때문이다.

 승합차 승강장으로 이동 중 가이드의 입에서 뜻밖의 말이 흘러나온다. 천지 쪽의 날씨는 좋은데 간밤의 비가 얼어붙어 빙판길로 변해 차가 오를 수 없다는 것이다. 아쉽다! 정말 아쉽다! 벼르고 별러 온 곳인데, 천지 신령의 조화 속이다.

 천지 대신 인근의 녹연담(綠淵淡)으로 가기 위해 다시 셔틀버스에 올라 방향을 틀었으나 셔틀 차량도 밀려 중간에서 모두 내려 도보로

백두산 녹연담

이동했다. 녹연담(綠淵淡)은 천지를 보러 가려던 인파로 발 디딜 틈도 없어졌다. 좋던 날씨가 금방 가랑비로 바뀌고 안개가 일기 시작한다.

 녹연담(綠淵淡) 관광을 마치고 다음 날 두만강 관람을 위해 연길로 향했다. 중간에 용정시(龍井市)를 거쳤다. 용정까지는 계속 산길이다. 안개가 산길을 꽉 막아 운전사가 힘들어했다.

 용정은 우리 민족 독립운동의 시범적 도시이다.
 익히 들던 노래 가사 일송정(一松亭)이 용정(龍井)으로 진입하는 산 위의 정자처럼 모습을 차창에 비추어 보였다. 해란강도 도로변에 조금이나마 모습을 드러냈다. 용정에서 잠시 내려 독립운동의 자취를 더듬었다. 우물에서 용이 올랐다는 전설을 담고 있는 용정은 윤동주 시인의 고향이다.

 그가 다니던 대성중학교는 용정중학교로 개명하여 지금도 그 자리에 서 있다. 이곳은 사과배로 유명한 도시이다. 사과와 배를 접목시킨 과일인데 겉모양은 사과요, 맛은 배 맛이다. 가이드가 도로변에서 사과배 1상자를 사서 일행에게 맛보라 나누어 주었다.
 용정의 라텍스 쇼핑점에서는 가이드가 1시간 반을 잡아놓고 노골적인 강매 추태를 보여 눈살이 찌푸려졌다.

 드디어 연길 땅에 접어들었다. 인구가 1백만이며 주민의 34%가 우리 민족이란다. 상가마다 한글 간판이라 마치 한국의 중국인 밀집 지역을 연상케 해준다. 여기서 여행 때면 의례적 행사처럼 되어버린 전신 마사지를 받고 식당으로 이동했다.

가이드가 오늘 저녁은 북한산 들쭉술을 맛보라며 선전하더니 우리를 평양 류경호텔 음식점으로 안내했다. 한복 입은 북한 여인들이 전에 금강산관광 때 보였던 간드러진 목소리로 서빙과 가무를 제공했다. 김정은의 외화벌이에 족쇄 채워진 그녀들의 모습이 측은해 보였다.

연변 땅 중심부 연길의 한 호텔에서 눈을 떴다.
두만강으로 출발하기 전 오전에 쇼핑센터 2곳을 더 들렀다. 한 곳은 대나무를 가공해서 만든 다양한 제품으로 선전만 듣고 있으면 안 넘어갈 사람이 없을 정도다. 아토피와 비염, 무좀 퇴치에 탁월한 효과가 있다며 입에 침이 마르도록 효능을 강조하며 고객을 귀찮게 했다. 1시간을 전날 라텍스점에서처럼 잡혀있어야 했다.

두 번째는 편백나무 제품이다. 여기서도 1시간 이상 잡혀있었으나 물건을 산 사람은 하나도 없다.
연변엔 우리 동포가 꽤 많이 산다고 한다. 거리의 간판은 온통 한글이다.

두 번째 쇼핑점에서 조금 이동하니 바로 두만강이다. 강폭은 서울의 안양천 정도라 할까? 여하튼 수심만 제외한다면 소규모 하천이다. 강 건너가 바로 북한 땅이다. 얼마나 그리운 땅인가? 탈북민을 감시하기 위함인지 산은 모두 벌거숭이다.

　산 밑에 보이는 마을은 수년 전에 홍수의 피해가 심했는데 중국의 지원으로 지금의 형태를 유지하고 있단다. 일행과 함께 뗏목에 올라 1km쯤 수상 여행 체험을 마치고 처음 도착했던 목단강으로 다시 출발했다. 연길에서 목단강까지는 서울과 부산만큼의 거리로 도착하는데 4시간이 걸렸다.
　저녁 식사 후 야시장을 관람할 예정이었으나 연일 강행군한 탓에 포기하고 바로 숙소로 돌아와 휴식에 들었다.

　오늘 밤 유숙한 호텔은 시설이 꽤 괜찮다. 19층에 객실이 배정됐고 깔끔하나 이곳도 화장실에 비데는 설치돼 있지 않았다. 여행 마지막 날이라 느지막이 활동을 개시했다.
　중국도 이제 웬만한 도시는 차량이 넘쳐 몸살을 앓고 있다. 이곳 목단강(木丹江) 주변도 비슷하다. 주차 문제로 어제는 조선족 집단 거주 지역의 야시장 구경도 취소한 바 있다.

　오늘은 1936년 중일전쟁 당시 일본군과의 항쟁에서 의롭게 싸우다 목단강에 뛰어들어 장렬히 목숨을 바친 8녀의 기념비가 서 있는 광장을 관람한 후 공항으로 이동했다. 8명의 여인 중 안순복과 이봉선 2명이 조선족이라고 비문에 기록되어 있다.

일제의 침략에 항거하기 위해 국내는 물론 타국땅에서 독립운동으로 사라진 수없는 선열들의 넋이 이 만주벌판 곳곳에 서려 있다. 어제 다녀온 두만강 주변의 봉오동 전투와 오늘 접한 목단강 주변 싸움은 우리 후손들이 정말 잊어서는 안 될 역사적 자취이다.

전쟁의 폐허를 딛고 우뚝 일어나 비록 이국이지만 이렇게 눈부시게 발전된 모습을 바라보며 한편으론 야속하면서도 또 한편으론 언젠가 우리 동포들이 하나 될 날이 올 것만 같은 뿌듯한 감정이 가슴을 짓누르고 있음을 깨닫게 되었다.

이번 여행에서 비록 만주인들이 이름 지은 백두산의 다른 이름인 장백산의 천지까지 정복은 못 했으나 북파의 폭포수 아래서 백두산 자락을 밟으며 충분한 기를 받은 듯했다.

백두산 주변의 도시들을 둘러보며 내가 새삼 깨달은 것이 있다. 공장이 없어 사시사철 미세먼지와 매연 등 환경문제에 골머리를 앓지 않아도 되는 이상적인 땅을 우리 동포가 거의 40%를 장악하고 있다는 점으로, 우리 민족의 저력에 매료될 수밖에 없었다.

또 발해 유적과 독립운동의 발자취를 더듬으며 만주벌판에 대해 평소 보잘것없는 시골구석이라 생각하던 나의 진부한 생각이 바뀌는 주요한 계기가 되었음도 분명하다.

가이드가 말했다.
"천지는 백번 올라가야 겨우 두 번 정도 볼 수 있는 신령적인 곳이므로 백두산이라 했다."

낙심하는 우리 일행에게 유머를 늘어놓은 가이드의 말처럼 백두산은 정말 신령스런 산이 틀림없다.

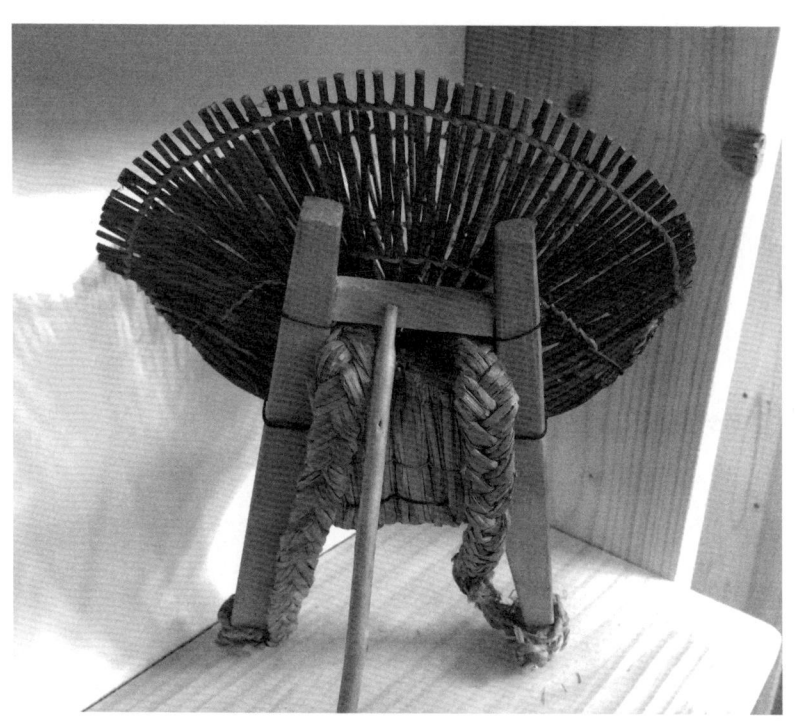

3부

아내와 함께한 여행의 추억

장가계의 절경과 패키지 여행의 폐해

 2010년 10월 중순이었다. 공직에서 물러나 두어 달 쉬다가 다시 임대아파트 관리소장이라는 일자리가 생겼다. 친구들은 한결같이 그만 일하고 얼마 남지 않은 인생 즐겁게 살라며 성화했다. 그들은 모두 나를 너무 모르고 하는 소리였다.

 가난한 시골에서 태어나 조실부모하고, 어린 두 여동생을 맡아 출가시킨 후 지금까지 내 가정을 여기까지 무탈하게 이끌고 온 나인데 내가 두 손 묶고 앉아 있다면 가족 부양은 누가 한단 말인가? 자녀 셋 중 두 녀석은 그때까지 결혼도 못 하고 직장도 변변치 못했다. 그런 상황에서도 일을 계속할 수 있다는 것은 나에게는 즐거움이요, 보람이었다.

 몇 년 전부터 모임을 해오던 국민학교(초등학교) 동창들끼리 함께 해외여행을 가자며 매달 푼돈을 조금씩 모으기 시작한 것이 어느덧 목표에 근접하고 있었다. 그동안 친구들은 부부 동반해서 중국과 동남아를 몇 번 왕래한 듯 우쭐댔다.

　나는 혼자 공무여행으로 싱가포르와 유럽을 각각 한번 다녀오긴 했지만 아내에겐 사실 면목이 없었다. 이번 여행이 부부동반이라서 기대는 크지만 없는 형편에 거금을 내고 가자니 마음이 좀 무거웠다. 내 여비는 그간 모은 기금으로 충당이 됐지만 아내 몫 1 백여만 원은 목돈이라 부담이 됐다.

　여행 목적지는 중국 장가계로 정해졌다. 사당역 근처에 있는 방배동의 어느 음식점에 친구 중 1명이 교섭한 여행사 간부가 우리들 모임을 통해 설명회를 가졌다. 아내와 처음으로 함께하는 해외여행이라서 마치 신혼여행처럼 가슴이 부풀었다. 그날 여행계획이 성사되어 동창 가족 4명과 지인 가족 2명을 합해 모두 6가족 13명이 함께 떠났다.

　1969년 10월 30일 내가 결혼해서 신혼여행이라고 떠난 곳이 고작 온양온천이었다. 지금 생각하면 우습다. 대중교통에 몸을 싣고 온양온천의 어느 여관방에서 첫날밤을 보냈으니 말이다. 맏딸의 요청으로 초등학교 5학년짜리 외손자를 데리고 갔다.

　그때까지만 해도 인천공항에서 장가계 까지는 직항로가 개설되지 않은 탓에 북경공항에서 4시간을 대기한 후 장가계로 이동할 수 있었다.

가이드가 현지까지 따라가지 않아 북경공항에서 장가계행 비행기를 탑승하는 데 다소 불편이 따랐다.

내가 그동안 중국어를 혼자 공부해온 것이 서툴기는 했지만 일행의 길 안내에 조금은 도움이 됐다. 인천공항에서 오후 1시 5분에 탑승해 저녁 10시에 장가계에 도착했다. 북경공항에서 쓸데없이 소비한 4시간이 아까웠다.

당일 아침부터 현지 도착까지 기내에서 점심 한 일과 저녁에 현지 가이드 만나 호텔에 들어간 후 친구들과 술 파티한 일 외에 기억에 남는 게 없었다. 함께 따라온 외손자도 재미없다며 집에 가자고 보채기 시작했다.

장 가계 여행 둘째 날이다.
아침에 호텔 조식이 나왔는데 형편이 없었다. 지금껏 먹어본 것 중 최악이었다. 거기다 가이드는 선택 관광을 제시하며 추가요금까지 요구했다. 일행은 모두 선택 관광을 원했지만 나는 준비해간 돈도 부족하고 사전예고도 없던 터라 강한 거부감이 왔다. 결국 나 때문에 선택 관광은 4일 차에 천문산 한 곳만 가기로 정해졌다.

오전에 용왕동굴을 둘러보았다. 동굴 내에 부처가 목욕하는 모양의 돌 형상이 있었다. 부처 닮은 머리 모양을 보고 내입에서 무심결에 '꼭 중대가리 같다'는 말이 튀어나왔다. 불심이 깊은 아내가 그냥 지나칠 리가 없었다. 아내가 말꼬투리를 잡고 물고 늘어지는 통에 그 날은 나도 기분이 말이 아니었다.

장가계 입구에서 기묘하게 생긴 돌 모양을 감상하며 모노레일을 탔다. 중국인들도 꽤 많이 놀러 왔다. 그들에게서 친근한 중국말이 들려왔다.
'덩 이샤!'
우리말로 하면 '기다려'란 뜻이다. 평소 중국어 배우려고 많은 노력을 해온 터라 알아들을 수 있는 한 마디가 무척 반가웠다.

점심은 또 가이드가 충동질하는 바람에 1인당 2만 원을 추가해 불고기를 먹었다. 한국인들을 호구로 보는 것 같아 불쾌했지만 꾹 참았다. 저녁엔 북한식당으로 안내되어 북한식으로 한 끼를 때웠다. 1인당 5달러 내고 발 마사지도 받았다.

장 가계 여행 셋째 날이다.
8시에 호텔을 나와 보봉호수에서 배를 타고 한 바퀴 돌며 관람했다. 케이블카를 타고 장가계 정상에 올랐다. 산이 뾰족하고 험준했다. 마치 신선이 노니는 곳에 온 듯했다. 발아래 펼쳐진 운해(雲海)는 일생

한번이나 볼까 말까 한 장관이었다. 마치 내가 신선이 된 느낌이었다.

버스를 타고 원가계로 이동할 때는 도로 폭이 좁고 산악이 험준해 전복사고라도 나지 않을까, 간이 콩알만 해졌다. 원가계 정상의 풍광(風光)도 장가계와 비슷했다. 바위 속을 관통하는 엘리베이터를 타고 순식간에 정상에서 밑으로 내려왔다. 이곳엔 반일감정 때문인지 일본인 관광객은 거의 찾아볼 수 없었다.

거리엔 온통 한글 표지판이 붙어 있었다. 관광객도 거의 한국인이었고 한국 돈이 우리나라에서처럼 통용됐다. 기념품점 앞에서 호객하는 상인들이 우리말로 '천원! 천원!' 하며 기념품을 흔드는 모습은 마치 내 나라의 일처럼 정겨웠다.

여행객 모집할 때는 설명이 없더니 현지에서 추가 요구하는 돈이 꽤 많았다. 그럴 줄 알았다면 빚을 내서라도 환전을 더 해오는 건데…, 여행경험이 없었던 탓이다. 가이드 팁이 10불이요, 다음날 천문산 가는데 30불이요, 부부동반 전신 마사지가 33불이요, 거기다 더해 내 허락도 없이 비디오 촬영해 놓고 3만 원을 내라 했으며, 사진 찍어놓고 장당 3천 원을 내라 했다.

소지한 돈이 간드랑간드랑해 조마조마했다. 일행들은 몇 번 다녀봐서 그런지 돈을 척척 잘 내고 쇼핑할 때도 여봐라는 듯이 돈을 써댔다. 좀 생이 남편 따라다니던 아내는 비위가 상해 속이 뒤틀려 버렸다. 그런 여행은 스트레스만 받는다. 그럴 줄 알았다면 차라리 안 올 걸 그랬다.

  장 가계 여행 넷째 날이다.
  비가 내렸다. 오전에 라텍스 판매장으로 안내되었다. 나는 외면했지만 외손자가 라텍스 요에 누워보더니 서울의 제 어미한테 사달라고 보채 결국 하나 구입했다. 두께 7.5센티의 1인용 요와 베개를 합쳐 127만 원인데 50% 할인해 63만 원에 샀다.

  그리고 천문산에 올랐다. 걸어 오르는 데 힘이 들었다. 그때까지는 괜찮았지만 좀 더 늙으면 못 다니겠다는 생각이 들었다. 지금까지 본 중에는 제일 멋진 광경이었다. 빠끔히 보이는 동굴의 터널 안에서 비행기 한 대가 아슬아슬하게 빠져 날아가는 묘기가 연출되며 관람객들의 박수갈채가 이어졌다.

  관광지라서 물가는 비쌌다. 오뎅이 1만 원, 라면이 5천 원이었다. 저녁 식사 후 체면상 주머니를 톡톡 털어 3만 원짜리 비디오 1개와 사진 17장을 장당 2천 원씩 주고 산 뒤 밤 11시에 장가계 공항에서 다시 북경으로 이동했다.

여행 마지막 날이다.

새벽 2시가 돼서야 북경 호텔에 도착했다. 장가계에서는 물 걱정은 안 했는데 북경은 수돗물도 맘 놓고 마실 수가 없었다. 석회수라 차를 넣고 끓여 마셔야 했다. 장가계에서 보이차를 한 뭉치 샀는데, 중국에 차 문화가 발달한 이유를 알겠다. 북경은 물이 부족해 물값이 휘발유보다 비쌌다. 아침에 호텔 방 천장 쪽에 도마뱀이 붙어 기어 다니고 있어 조금 놀랐다. 사실 북경은 장가계에서 서울로 가는 직항로가 없어 경유차 머문 것이다.

오전에 그곳 재래시장을 구경했는데 일행 중 몇 명은 참깨 등 곡물을 사며 또 우쭐댔다. 우리 부부는 마지막 날까지도 돈을 헤프게 써대는 동행들 때문에 어깨가 축 늘어져 스트레스만 받으며 따라다니다 겨우 인천행 비행기에 탑승했다.

하노이와 하롱베이, 베트남 여행

2011년 9월 말, 아내와 두 번째 해외여행을 떠났다.

이번에도 초등학교 동창 다섯 부부가 함께했다. 역시 외손자도 따라나섰다. 여행지는 베트남의 하노이로 정해졌다. 출국 날 태풍이 몰아쳐 예정보다 3시간 늦은 밤 10시에 비행기가 이륙해 4시간 20분이 지난 새벽 2시 반에야 하노이 메리아 호텔에 도착했다.

우리나라에서 부도로 쓰러진 대우건설이 그곳에선 두각을 나타내는 모습이 눈에 들어왔다. 김우중의 성을 딴 '김스거리'가 등장할 정도였다. 한국인에 대한 이미지도 좋게 평가되고 있었다. 싱가포르나 홍콩처럼 습기가 많아 방에 제습기를 틀어 놓아야 했다. 지난해 장가계 여행때 곤욕을 치렀으므로 이번엔 환전을 여유 있게 해갔다. 대중교통 수단은 오토바이가 주종을 이루고 있었다.

공항에서 호텔로 이동하며 가이드가 베트남어 인사말을 가르쳐 주었다. '안녕하세요'는 '씬 짜오', '감사합니다'는 '씬 까먼', '화장실이 어디

입니까?'는 '야배씬'이라 한단다.

목욕은 영국처럼 화장실에 배수구가 없어 욕조 내에서만 해야 하고 비데가 변기 옆에 샤워기처럼 세워져 있었다. 엘리베이터는 호텔 방처럼 카드를 넣어야 작동이 되었다. 통제된 공산국가임을 여실히 보여주는 단면이다. 다음 날 아침 밖을 내다보니 간밤에 비가 온 듯 도로가 축축하며 낮에도 간간이 비가 내렸다. 엘리베이터 카드 키가 오작동해 식당까지 몇 번을 오르내렸다.

오전에 호찌민 공원을 방문했다. 호찌민의 '미라'는 리모델링을 위해 중국으로 옮겨가 몇 주간 관람이 불가하다는 설명이다. 공원을 돌아보니 호찌민 숭배 사상이 국민들 사이에 대단했다. 관광 상품화된 세발오토바이가 끄는 팔걸이가 있는 마차 모양의 씨 크로드를 타고 광대한 전통시장을 한 바퀴 돌아보았다. 우리나라 남대문시장보다 규모가 훨씬 커 보였다.

사원 2곳을 돌아보고 케이블카도 타보았다. 이 나라 사람들의 주식인 쌀국수를 점심에 맛보았으나 별맛은 없었다. 저녁에 발마사지를 받고 나왔는데 일행 중 어느 부인이 목걸이와 반지를 잃었다며 우울해했다. 하노이엔 산이 없고 평지만 펼쳐있다. 그런 연유인지 무덤이 대부분 밭 가운데에 납골당 모형으로 설치돼 있었다.

길가 점포 앞에는 여인 1명이 테이블을 몇 개 붙여 놓고 커피와 음료를 팔고 있었다. 일종의 야외다방으로 생각되는데 꽤 많이 눈에 띄었다. 가로수 길 중간중간엔 의자 하나만 놓고 이발업을 하는 야외 이발소도 많았다. 도로 한가운데를 꽉 메우고 질주하는 오토바이는 이 나라에서나 볼 수 있는 장관이었다. 오토바이가 넘쳐 인도까지 위협하고 있었다.

우리나라에서 한때 실시했던 차량 2부제를 이 나라에선 오토바이 2부제로 도입하려 한단다. 위험하게 오토바이에 거대한 소를 싣고 가다 쓰러져 교통 정체가 생기는 모습도 목격했다. 건축물은 대지가 넓은데도 3층 이상으로 좁게 지어졌다.

습기가 많아 1층과 2층은 비워두거나 타 용도로 쓰고 주인은 3층에서 상주한다고 했다. 국민통제가 용이하도록 1건물 1가구 원칙에 따라 거주해야 한단다.

여행 셋째 날이다.

지난밤에 하롱베이로 옮겨 로얄로터스 호텔에 머물렀다. 새벽부터 내린 비가 멎지 않아 10시가 넘도록 기다리다 바닷가로 나갔다. 또 태풍이 온다는 소식이었지만 배를 탔다. 삿갓을 쓴 베트남 여인들이 바다 안 요소요소에 배를 띄우고 그들에게 시선을 모으도록 열심히 공연했다.

바닷가 어시장에서 회를 쳐서 점심을 했다. 태풍이 온다는 핑계로 상인들이 횟값을 터무니없이 비싸게 불러 간소하게 먹을 수밖에 없었다. 오후에 수상 인형극을 봤다. 야시장도 구경했다.

하롱베이는 수도 하노이와 달리 한국방송도 안 나오고 핸드폰통화도 안 돼 불편했다.

여행 넷째 날이다.

모처럼 하늘이 맑았다. 호텔에서 짐을 챙겨 나왔다. 외손자가 핸드폰 충전기를 하노이에 놓고 와 가이드가 공항까지 전달해주는 수고를 했다. 쇼핑을 위해 하롱베이 재래시장과 노니 제품점에 들렀다. 장가계처럼 라텍스점도 들렀지만 한번 겪어 본 터라 필요한 최소용품만 구입하고 비행기 탑승시간에 여유가 있어 발마사지 한 번 더 받고 공항으로 출발했다.

베트남 하롱베이

경이로운 풍경, 중국 계림

2014년 9월 국민학교 동창 부부들끼리 하는 마지막 여행을 떠났다. 동창들과 여행을 몇 번 함께하다 보니 빈부의 차가 있어 다녀오고 나면 아내와 트러블만 생겼다.

오후 3시 반쯤 전철을 이용해 인천공항으로 출발해서 8시 반 중국 계림행 비행기에 탑승했다. 출국수속이 엄격해졌다. 신발까지 벗게 하고 검사했다. 계림엔 새벽 1시가 넘어 도착했다. 서울보다 1시간 늦은 시차가 적용되었다.

다음 날 아침 계림 한복판에 있는 복파산(伏波山)부터 관람을 시작했다. 산이 그리 높지 않아도 시가지 복판에 있어 주변 산악이 한눈에 들어왔다. 곁에 흐르는 이강과 첩첩이 시가지를 둘러싼 산악들이 경이롭다. 가히 장가계에 비길만했다. 우임금과 관련 있다는 우산(虞山)공원을 관람했다.

점심 후 대용주공원도 관람했다. 1420년생인 대용주(大榕株)라는 거대한 나무 이름을 따서 이름 붙인 공원이다. 나무 주위로 대략 20미터쯤 울타리를 쳐놓았고 사진 찍는 인파도 많았다. 서양인들이 며칠씩 묵어간다는 재래시장인 서가시장에서 오후 자유시간을 가졌다. 100위안에 초상화를 그려준다기에 그려보라 했으나 내 모습과 전혀 달랐다. 그냥 100위안을 집어주고 일어섰다.

저녁 식사 후 인상유삼조(印象刘三姐)라는 쇼를 관람했다. 유 씨네 세 자매가 야외 밤무대에서 조명을 받으며 갖가지 인상적인 묘기를 보여주는 쇼다. 관람석이 4천 석이나 되나 빈자리 없이 꽉 들어찼다. 바로 앞 강물 위를 무대로 펼치는 대공연이었다. 밖이라 조금 한기가 들어왔다.

여행 3일째 날이다.
이강에서 유람선을 타기로 한 날이다. 가는 도중 길을 넓히는 작업 차량이 도로 한복판을 막고 비켜줄 생각을 안 했다. 독재국가와 민주국가의 차이가 바로 이런 데 있다. 1시간 반을 막고 있어도 불평하는 사람이 없다. 나라에서 하는 일이라 누구도 감히 이의를 제기하지 못한다고 했다.

이강 물줄기를 따라 배 위에서 1시간 동안 빼어난 경관을 감상했다.

유비가 관운장, 장비와 도원결의를 맺었다는 현장도 물가로 스쳐 지났다. 관암동굴의 모노레일도 타며 즐겁게 하루를 보냈다. 기념품점에서 아토피와 비염에 좋다는 편백나무 기름을 15만 원 주고 3병 샀다.

여행 넷째 날이다.
9시 반 짐을 챙겨 호텔을 나섰다. 버스는 요산(堯山)으로 향했다. 옛날 요임금의 동상이 산 정상에 서 있고 동상 주변에는 12지를 연상시키는 부처의 동상이 세워져 있었다.

많은 사람들이 요임금 동상 앞에 절을 하며 소원을 빌고 있었다. 불상 앞도 마찬가지였다. 요산 입구에는 공동묘지가 자리하고 있었다. 명당자리인 때문이다. 산 정상에 오를 땐 케이블카를 이용했다. 오후엔 칠성공원과 천산공원, 그리고 정강왕성을 관람했다. 저녁 식사 후 이번 관광의 최고 절정을 이루는 양강사호 유람선 관광을 했다. 강가의 화려한 조명을 받으며 신선이 된 느낌을 받았다.

가마우지를 이용해 물고기를 낚는 장면엔 동물학대라는 생각에 가슴이 짠했다. 가마우지 2마리면 고기 잡는 수입으로 대학생 2명을 가르칠 수 있다고 했다. 가마우지는 물고기 사냥에 나가기 전에 그날 오전부터 굶긴단다. 그리고 먼저 배에 탄 어부가 장대로 강물을 휘휘 저어 고기들이 놀라 물속에서 허둥대면 이때다 하고 어부는 목줄을 맨

가마우지를 물속에 풀어 놓는다. 물속에서 굶주린 가마우지가 커다란 물고기를 물고 나오면 어부가 물고기를 삼키려는 가마우지의 목을 조여 물고기를 토해내게 했다.

"재주는 곰이 부리고 돈은 사람이 번다"는 속담처럼 사냥은 가마우지가 하고 물고기는 어부가 취한다. 이런 과정을 보고 관광이랍시고 그저 즐거워만 해야 하겠는가! 가마우지가 불쌍하단 생각에 동물 사랑이 지극한 아내는 귀국하는 비행기 안에서까지 계속 가슴 아파했다. 계림공항에서 현지시각 00:00에 출발토록 예정된 비행기는 2시간 반이나 지연되었다.

공항 탑승구 앞에서 기다리는 동안 왔다 갔다 하는데 아시아나항공사 팀장이 마이크로 내 이름을 불러 가보니 내 여권을 주웠다며 돌려주었다. 방심하다가 여권을 분실했던 것이다. 정말 큰 어려움에 봉착할 뻔했다. 새벽 3시가 되어 지루한 대기가 풀리고 탑승이 시작됐다.

일본 오사카, 교토, 고베 여행

2016년 4월 13일, 20대 국회의원 선거일이다.

사전투표 제도가 생겨 며칠 전 투표를 마치고 임시공휴일에 이틀간의 휴가를 더해 벼르고 별러 가까운 일본을 그제야 방문하게 됐다. 아내와 함께 집 가까운 시흥고개에서 5시가 조금 넘은 이른 아침에 인천국제공항행 리무진버스에 올랐다. 불경기라지만 이렇게 이른 시간인데도 여행객이 이미 좌석을 꽉 채웠다.

비행기는 인천공항에서 9시 10분에 출발했다. 저가 패키지여행이지만 가이드가 출발할 때부터 동행해 큰 불편은 없었다. 다만 근거리라 기내식을 제공하지 않고 대신 컵라면을 5천 원씩 판매했다.

이륙 후 1시간 반 만에 오사카(大阪)의 간사이(关西)공항에 도착했다. 우리 부부를 포함해 모두 25명의 일행이 패키지여행에 함께 했다. 공항에 내리자마자 대기 중인 버스를 타고 나라(奈良)현에 있는 동대사로 향했다.

동대사 인근에서 우리는 비로소 아침 겸 점심을 했다. 동대사 입구에는 수많은 사슴이 관람객들의 사랑을 받으며 평온하게 생활하고 있었다. 인도 사람들이 소를 종교적으로 중요시하듯 이곳 사람들은 사슴을 그리 대하고 있단다.

동대사는 우리나라 사찰처럼 불상도 있고 구조도 유사해 친근감이 생겼다. 우리나라처럼 절의 곳곳에 불전함을 만들어 놓고 신도들을 유혹하는 얄팍한 모습은 보이지 않아 좋았다. 다만 마음에서 우러나면 촛불을 켜놓을 수 있도록 소형 양초가 준비되어 있는데 금액도 단돈 5십 엔이라 안내하고 있었다. 불상의 규모는 꽤나 웅장했다.

불상 뒤를 돌아 나오니 통나무 기둥 밑에 깡마른 사람이나 기어 지날 수 있는 구멍이 보였다. 그곳을 지나면 행운이 온다며 젊은이들이 가끔 시도하는 모습을 목격할 수 있었다.

동대사를 나와 도톰보리 거리로 이동했다. 우리나라의 명동같이 번화한 곳이다. 도중에 간간이 비가 내려 우산을 쓰고 관광했다. 이날은 비 때문에 인파가 별로 없다는 데도 내 눈엔 꽤 많아 보였다.

도톰보리 시가지엔 주로 라면집과 초밥집이 몰려 있었다. 그곳에서 유명하다는 동고츠 라면에 계란을 풀어 시식해 봤는데 유명세와는 달리 반찬도 전혀 없고 맛도 없을뿐더러 가격도 우리나라 돈으로 1만 원이나 했다.

도톰보리에서 숙소 근처의 온천탕으로 옮겼다. 탕 내에서도 일본인들은 주요 부위를 가리고 다녔다. 우리도 그들의 문화를 따라 타월을 별도로 준비한 후 탕을 이용했다. 목욕 후 같은 장소의 식당에서 저녁을 했다. 나는 피곤해서 혼자 사케 두 병을 마셨다.

숙소에 돌아가 여장을 풀고 뉴스를 검색해 국내의 개표 결과를 보니 새누리당이 참패하고 더민주당이 선전했다. 또 국민의당이 괄목할 만큼 지지를 얻었다. 향후 국내정세가 요동치겠다는 생각이 들었다.

전날 온천욕을 한 덕분인지 피로가 싹 풀렸다. 아침나절은 구름이 끼고 빗방울도 비쳤지만 이내 화창하게 바뀌었다. 그리고 기온이 오르더니 더위가 지속돼 힘이 빠졌다. 가이드가 제일 먼저 안내한 곳은 교토(京都)의 청수사(清水寺)란 곳이다.

교토는 우리나라의 경주와 같은 일본의 고도(古都)이다. 물이 맑아 청수사(清水寺)라 했다는데 역시 계곡 물이 맑았다. 웅장하게 세워진 대형 건물이 여러 채였다. 나무껍질로 씌운 이색 지붕도 눈에 보였다. 절(寺)이라고 명칭은 붙여졌으나 이곳은 잡신을 모시는 사당이 중앙에 자리 잡고 있으며 불상도 없었다.

일본은 불교도가 전인구의 40%를 차지하는 불교국가이다. 스님들은 머리를 깎지 않고 일반인들처럼 가정을 꾸리며 절로 출퇴근하면서 월급을 받는다고 한다. 그래서 일본에서는 직업군 중 스님의 선호도가 제일 높다 한다. 한국과는 너무 대조적이다.

청수사(淸水寺) 본당 후면에는 세 줄기의 물이 계속 솟아올랐다. 건강하기를 바란다면 그중 첫 번째 물줄기를 받아 마시며 기원하고, 학업성취를 바란다면 두 번째 물줄기를 마시며 발원하고, 연인과 사랑을 원한다면 세 번째 물줄기를 마시며 기원하는데, 한 가지 소원은 꼭 이루어진다는 속설이 전해진다고 했다. 물을 마시며 소원을 빌려는 관광객이 줄을 서서 차례를 기다렸다. 아내도 기다려 물을 마셨다. 아내는 욕심이 많아 세 줄을 돌아가며 모두 마시고 내려왔다.

그다음 이동해 간 곳은 아라시야마(嵐山)란 곳이다. 산 주변에 깨끗한 강물이 흐르고 있었으며 다께미찌(竹道) 주변으론 다수의 잡신을 모시는 사당이 있었다. 아내는 그곳에서도 잡신들에게 기도를 했다. 그곳 매점에서 손자들에게 줄 과자를 몇 봉지 샀다. 일본은 물가가 너무 비쌌다. 과자 한 봉지에 만 원이 넘었다.

교토 청수사 소원 물 받기

거기서 점심 후 철학의 길로 옮겼다. 철학의 길은 꽃들이 어우러진 실개천을 끼고 꽤 멀리 뻗어 나갔다. 봄에는 벚꽃이, 여름에는 반딧불이, 가을에는 단풍이, 겨울에는 설경이 멋지단다. 그때는 벚꽃 계절이 지나 아름다움이 반감했다.

아내는 거기서부터 무릎이 아프다며 뒤로 처지기 시작했다. 그곳을 벗어나 일행은 다음 관광지로 강행군했다. 대본산 남선사(大本山南禪寺)란 곳으로 이동했는데 스페인의 그라나다에 있는 수로(水路)를 그대로 모방해 놓은 로마의 건축양식이 인기를 끌었다. 과연 모방의 귀재란 느낌을 받았다.

간밤에 춘천 사는 아들 녀석이 뜬금없이 "아빠 괜찮아?" 하고 전화를 했다. 아무 일 없다고 하자 "그럼 됐어" 하고는 싱겁게 전화는 끊겼다. 새벽녘에 눈을 떠 TV를 켜자 규슈의 구마모또(熊本) 현에서 강도 6.5의 지진이 발생해 9명이 사망하고 1천여 명이 부상을 입었다는 끔찍한 뉴스가 흘러나왔다.

그제야 간밤에 아들 녀석이 불쑥 전화하고 곧 끊어버린 의미가 무슨 뜻이었는지 가슴에 와 닿았다.

밖에 나서니 바람이 불고 기온도 어제보다 썰렁했다.
'설마하니 지진 여파는 아니겠지?'

이날은 오사카성을 관광하기로 했다. 1592년 임진란을 일으킨 장본인 '도요토미 히데요시'의 숨결이 느껴지는 곳이다. 도심에 있어 주변의 교통 정체가 심했다. 성(城)으로 들어가는 입구 좌우에 아름드리 벚나무가 즐비하게 늘어섰다. 그러나 벚꽃은 개화기가 지나 꽃이 지고 이미 파란 잎으로 대체되고 있었다.

'도요토미'는 용장이긴 해도 권력을 잡고 난 후 지방 성주들을 의심해 오사카성을 구축하면서 성(城) 내외에 거대한 인공해자(垓字)를 만들어 놓았다. 하지만 난공불락의 이 성(城)도 그의 사후 아들 대에 이르러 교토에 본거지를 두었던 그의 부장 '도쿠가와 이에야스'에게 점령당하고 말았다.

오사카는 '도요토미'를 상징하는 도시요, 교토는 '도쿠가와'를 상징하는 도시임을 현지답사를 통해 터득하게 되었다.

전날 다녀온 교토에는 임진란 때 전사한 수많은 우리 선조의 귀와 코를 베어 묻은 일명 '귀 무덤'이 있다는데 못 가본 게 아쉽다.

오후엔 1995년 대지진의 발원지였던 고베시로 떠났다. 섬나라에서 처음으로 산다운 산이 눈에 들어왔다. 마치 우리나라 동해안의 어느 도시에 가 있는 것 같은 느낌이 들었다. 일본은 지진의 폐허(廢墟)를 보수하지 않고 일부러 교육 장소로 남겨놓았다.

폐허(廢墟)가 된 지역과 이어지는 곳에 새로 단장한 항구가 웅장한 모습으로 버티고 있어 지진 전후를 비교하며 과거를 돌아보는 역사의 현장이 되고 있었다. 일본의 문화는 우리나라와 유사한 점이 많지만 구별되는 점도 확연하다. 우리 문화의 우수성은 계속 발전시키되 일본인의 장점은 받아들이는 자세가 필요하다고 본다. 일본인이 대체로 검소하다는 것은 현장을 체험하고야 비로소 피부로 느꼈다. 집이 좁은 건 이미 다 알려진 사실이다.

무엇보다도 동전 문화가 매우 발달한 나라임을 실감했다. 우리나라에서 동전은 어린아이들한테마저 홀대받고 있다. 하지만 일본인에게 동전이 없으면 무척 불편하리란 생각이 들었다. 일본엔 거리마다 길목마다 어김없이 자판기가 놓여있었다. 편의점 대신 자판기 앞에서 음료수를 뽑아내는 건 그들 사회에서 이미 익숙하게 자리 잡은 새로운 풍습이 되어가고 있었다. 비단 음료수 구입만이 아니다. 슈퍼에서도, 음식점에서도, 목욕탕에서도 심지어 사찰에서도 자판기를 매개로 소비활동이 이루어졌다.

 자판기와 동전은 바늘과 실처럼 불가분의 관계이다. 화폐단위가 커지면 소비에 버블이 생기고 사람 마음에도 버블이 가득 차게 마련이다. 그게 바로 허영심을 부르는 장본인이다.
 '지금 우리나라 사람들은 너무 허영심에 사로잡혀 있지는 않은지…!'
 한번 뒤돌아볼 때라 생각된다.

 고베 관광을 뒤로하고 2박 3일간의 오사카 여행을 마무리했지만 이틀간 새벽 5시부터 자정이 가깝도록 강행군한 탓에 심신이 지쳐갔다. 나는 그런대로 따라다녔지만 아내는 무릎이 아프다며 현지에서 무릎보호대까지 구입해 착용했다. 가이드가 젊은 사람 위주로 속보를 해 따라다니기 힘도 들었지만, 그보다도 주요한 설명을 놓친 적이 많아 아쉬웠다. 이제 해외여행은 그만둘 나이가 된듯하다.

우리 땅 독도와 울릉도에 가다

　새벽 2시, 집에서 필수품만 챙겨 들고 택시를 탄 후 영등포역 신세계 앞에서 하차했다. 거금 1만 냥이 나갔지만 이른 시간에도 봉사해 주는 택시 기사가 있어 고마운 생각이 들었다. 정각 3시에 좌석 배치를 마친 관광버스 기사는 조용히 페달을 밟았다. 버스 기사는 시청 앞과 잠실에서 좌석을 모두 채운 후 강릉 땅으로 향했다.
　7시 강릉항 근처에서 초당순두부로 아침 식사를 했다.

　이때까지 기쁜 일이 두 가지가 생겼다. 하나는 일기예보가 안 맞아 주어 이날도, 다음날도 날씨가 나들이하기 안성맞춤이요. 다른 하나는 식탁 위에 내 이름이 쓰인 표지가 놓여있음이다. 인솔자가 혼잡 방지를 위해 고안해 낸 방식인 듯하다. 그날 아침 먹은 초당순두부는 정말 맛있어서 지금도 눈에 선하다.

　뱃멀미약을 미리 복용했으나 강릉에서 저동항까지의 뱃길은 파고가 심하지 않아 안 먹어도 전혀 문제 될 게 없을 것 같았다. 저동항에 내리니 11시 40분이다. 배를 3시간 40분이나 탄 셈이다. 현지 가이드를 만나 숙소에 짐을 풀고 식사 후 휴식을 취하다가 2시 반에 독도행 배를 다시 탔다.

오랜 역사를 지닌 부둣가의 후박나무 서너 그루가 퍽 인상적으로 눈에 들어왔다. 울릉군의 군목(郡木)이란다. 울릉도 호박엿을 옛날엔 후박나무를 짓이겨 섞어 만들었다는 설화 같은 이야기는 가이드를 통해 처음 알게 되었다.

독도에 내린 후 30여 분 아름다운 경치에 매료되어 촬영에만 몰두했다. 영업하는 분에게 5천 원을 따로 주고 부부 기념사진 한 장도 찍어두었다. 독도 관람은 왕복 3시간이 넘게 걸렸다. 저녁엔 싱싱한 회나 먹을까 했는데 양심적인 주민 한 분이 사실을 얘기해 주었다.
"여기는 수심이 깊어 고기가 안 잡혀요, 오징어 말고는 육지에서 거꾸로 사다 먹어요."
그의 말에 회 대신 홍합 밥에 따개비 좀 넣고 소주 한 잔 마시는 것으로 끝냈다.

전날 새벽잠을 설친 데다 배를 너무 오래 탄 탓으로 숙소에 들자마자 푹 곯아떨어졌다. 우산국 해안도로에 접한 저동항 경주모텔에서 눈을 떴다. 밖을 내다보니 날씨는 화창하다. 이번엔 정말 날씨를 잘 잡은 셈이다. 식사를 위해 아리랑 집으로 내려갔다.

주인아주머니가 반겨주며 어제 먹다 남은 소주 반병도 함께 내놓았다. 8시에 승합차에 올랐다. 우리 부부 말고도 3명이 먼저 타고 있었다. 도동항에서 두 명이 더 탔다.

울릉도를 오가는 배편은 모두 6종류가 있다. 포항에서 저동항과 도동항으로 가는 배편, 묵호에서는 도동항과 사동항으로 가는 배편, 그리고 강릉과 저동항, 후포와 사동항을 왕복하는 배편이 그것이다. 마지막으로 사동항에서 또 한패가 올라탔다. 후포에서 온 경상도 사람들로 버스 안은 금방 시끌시끌해졌다. 해안도로는 그때 당시 3년 전에 착공되어 1년 뒤쯤이면 모두 완공된다고 했으니까 아마 수년이 지난 지금은 모두 개통이 됐으리라 생각된다. 당시는 도로 개통을 위해 터널이 꽤 많이 생겼었다.

울릉도는 전반적으로 주변 경치가 아름답고 산이 뾰족이 솟았다. 꾸불꾸불한 산길은 강원도와 비슷하고 산 모습은 계림에 비길만하다. 함께한 어느 분은 중국의 장가계에 버금간다고 말하기도 했다. 해안도로 길 북쪽에 조성 중인 현포항은 이 섬 중 유일한 인공항이며 박정희 대통령 시절에 시작되었단다.

당시는 여객선의 왕래가 개시되지 않았으나 옛날 우산국의 도읍지로 알려진 유서 깊은 곳이다. 이 섬의 전기는 추산리 수력발전소에서 모두 공급하고 있으며, 인근의 성불사는 수려한 산기슭에 대웅전 조성을 목표로 정진하고 있었다. 또 다른 인근에는 해군기지로 조성 중인 천부항이 있고 대관령보다 더 꾸불꾸불한 산악길 너머엔 울릉도 최대의 화산분지인 나리분지가 있다.

제주도에 가면 조 껍데기 술이 있듯 이곳엔 씨 껍데기 술이 유명해서 1만 원 주고 한 병 샀다. 점심엔 아침 먹던 식당에서 이 고장에서 유명하다는 따개비 칼국수를 시식했다. 따개비는 전복 비슷하나 크기가 좀 작았다.

마지막으로 봉래(蓬萊)폭포수 전망대에 올랐다. 5천 원 주고 기념사진 한 장 찍어 울릉에 간 흔적을 남겼으나 아내가 무릎 아프다고 못 따라와 사진엔 나만 있고 아내가 없어 허전하다.

이번에 보니 아내는 몇 달 전 오사카 여행 때보다 더 근력이 없어졌다. 폭포수를 보려고 손잡고 오르다 아내는 결국 포기하고 내려갔다. 높지도 않은 왕복 40여 분 거리의 산을 중도에 포기하고 내려가는 아내의 뒷모습을 바라보며 마음이 무거워졌다.

우리 부부는 바로 선착장으로 이동해 귀갓길에 올랐다. 강릉 도착이 6시 10분쯤이니 서울 내 집에는 거의 11시는 되어야 들어갈 듯하다.

중국 문화를 알게 된 대만 여행

 더 늙으면 수족이 말을 안 들어 시간이 난다고 해도 아무런 곳도 다니지 못할 것이 분명하다. 칠십 고개를 넘고부터 이런 생각이 점점 더 머릿속을 파고든다. 전엔 친구들과 부부 동반해 몇 번 해외 나들이를 하기도 했다. 그런데 여럿이 어울리다 보면 경제 사정이 제각각이라 부작용도 만만치 않았다.

 나의 경우 아내가 경제적 열등감을 드러내 여행 후에는 항상 후유증이 찾아왔다. 돈 자랑하며 우쭐대는 몇몇 친구 부인들의 행태 때문이다. 그래서 지난해부터는 아예 우리 부부끼리만 함께 다니기로 작정했다. 전혀 모르는 사람들과 섞여 관광하니 상대방 의식할 필요도 없고 마음이 훨씬 홀가분해서 좋기도 하다.

 오사카 여행에 이어 이번엔 대만 땅을 한번 밟아 보기로 했다. 대만은 남한의 3분의 2 정도 되는 땅덩어리에 2,500만 명이 살고 있다. 중국과의 외교 때문에 대만과 우리나라는 꽤 불편한 관계를 유지하고 있으며, 대만인의 반한 감정도 상당했다. 15명이 한 그룹이 되어 현지 가이드의 안내를 받으며 타이베이 공항에 내리자마자 예류(野柳) 해양국립공원으로 향했다.

예류(野柳) 해양국립공원에는 수천만 년 전 파도의 침식작용과 풍화작용으로 머리에 버섯 모양을 한 다양한 바위가 여러 개 돌출되어 장관을 이루고 있었다. 거기서 다시 지우펀(九份) 지방으로 이동했다.
산세가 무척 험했다. 꼬불꼬불 좁은 비탈길로 관광차가 꼬리를 물었다. 그 높은 지역에 상업 도시가 형성돼 우리나라의 명동보다 더 생기 있고 붐비는 형상을 목격할 수 있었다.

여기서 나는 우리나라와 전혀 다른 문화적 특성 두 가지를 발견했다. 하나는 묘지가 마치 사람이 살고 있는 일반주택과 비슷한 형태로 조성되었다는 것이다. 이곳도 한국처럼 땅이 좁고 묘지난이 심각해 매장 후 7년이 지나면 화장하도록 제도가 바뀌었다 한다.
또 하나는 길가 개인주택의 일부를 주차장으로 조성한 후 다른 사람에게 유료로 제공하여 생계비로 충당하는 가정이 많다는 사실이다. '一次 100위안'이라거나, '8小时间 150위안'이라는 표지가 이런 주차장마다 예외 없이 붙어 있었다.

지우펀(九份)에서 내려와 대만의 먹거리 문화를 한곳에서 볼 수 있는 스린야시장을 관람하며 첫날의 여정을 마무리했다. 대만은 한국보다 1시간 느리다. 한국시각으로 밤 11시가 넘도록 새벽 5시부터 장장 18시간을 강행군했다.

　대만으로 관광 가면 비를 안 맞는 날이 별로 없다는데 첫날처럼 둘째 날도, 셋째 날도 날씨가 화창했으면 좋겠다. 제주 여행 시 겪어 본 것과 비슷한 느낌이다. 기온도 서울보다 높아 가벼운 옷만 걸쳐도 쾌적한 기분이다.
　다음 날도 일정이 더욱 빡빡했다. 화리앤(花蓮) 지방의 관광이 포함된 날이기 때문이다.

　7시 타이베이(台北)역에서 기차를 타고 이동하려면 숙소에서 6시에는 출발해야 했다. 그래서 아침 식사도 버스 안에서 간단히 도시락으로 해결했다. 숙소 문을 나서니 아스팔트가 온통 젖어있는 모습이 눈에 들어왔다. 변덕스러운 날씨가 밤새 심술을 부린 것이다. 그러나 출발 후 날씨는 맑고 쾌청함으로 이어졌다.
　화리앤역(花蓮驛)은 타이베이에서 기차로 꼭 2시간 반이 소요되는 시골에 있었다. 우리나라로 말하면 서울에서 강원도 춘천까지의 거리라고나 할까!

　외국에서 기차를 타본 것은 유럽 자유여행 이후 처음이다. 기차표가 너무 작아 간직하는데 신경이 쓰였다. 들어갈 때 검표한 후 탑승 중에 검표하고 나올 때 표를 반납했다. 학창 시절 기차 통학할 때 모습과 상황이 비슷했다. 화리앤(花蓮)에서는 또 다른 관광버스 기사가 우리를 위해 수고해 주었다.

화리앤(花蓮)으로 가는 기찻길 옆 논에는 이미 모내기가 끝나 있었다. 기후가 온난해서 이곳은 2모작이 가능한 모양이다. 화리앤역을 중심으로 인근에 있는 칠성담(七星潭), 태로각협곡, 연자구(燕子口), 자모교(慈母橋)의 자모정 등을 오전 중 모두 관람했다. 이들 협곡을 거닐며 대만의 산악이 상상을 초월할 만큼 높다는 걸 피부로 느꼈다. 남한에서 가장 높다는 한라산이 1,950미터에 불과한데, 대만엔 2천 미터 이상의 높은 산이 20여 개나 된다고 한다.

다시 기차를 타고 타이베이로 돌아와 대만에서 제일 높은 101층 고층 건물 관람을 시작했다. 서울에 살면서 여의도 63빌딩은 한번 가봤지만 잠실의 123층짜리 롯데월드는 아직 못 가봤다. 그러니 이번 관람은 어쩌면 내 생애 최고의 기록이 될지도 모른다. 88층까지 고속 엘리베이터가 운행되는데 불과 37초밖에 안 걸렸다. 88층에서 계단으로 3개 층을 더 오를 수가 있다. 나 혼자 용감히 91층까지 갔다가 일행과 떨어져 미로를 헤매며 큰 고생을 했다.

저녁 식사하러 갈 때 둘째 딸이 전화했다. 딸은 무슨 일 없느냐고 물으며 내가 꿈에 보였다고 걱정했다. 101층에서 내려올 때 미로를 헤맨 것이 둘째의 꿈이 된 듯하다. 이번에도 한국시각으로 밤 12시가 다 돼 숙소에 들어가 잠에 묻혔다.

2박 3일 여행의 마지막 날이다.

이틀간 강행군한 터라 9시 10분쯤 관광을 개시한단 말이 고맙게 들렸다. 아침 시간엔 여유마저 생겼다. 호텔식을 마치고 짐을 챙겨 대만 국립박물관으로 향했다.

장개석 총통이 중국군에게 패하고 퇴각하면서 주요 문화재를 이 섬에 옮겨 놓았다고 한다. 박물관은 3층 건물이며 오래된 순서에 따라 위층부터 아래층으로 내려가며 진열돼 있었다. 10시경 입장했는데 이미 관람객이 꽉 들어차 있었다. 관람객은 중국 본토 사람이 가장 많다고 한다. 이곳에 전시된 것들의 대부분이 중국 대륙과 관련된 역사성 유물이기 때문이다.

박물관 관람을 끝으로 3일간의 주요 여정이 모두 끝났다. 이번 여행은 타이완 북쪽과 동쪽에 국한되었으나 중국인의 문화를 이해하는데 좋은 기회가 됐다. 날씨는 제주도와 비슷한 해양성 기후라 1년 중 맑은 날이 별로 없고 우리나라와는 국교가 단절되었으나 민간교류는 여전히 활발한 상태였다.

물가도 우리나라와 비슷했으나 도교 신앙이 성행하며 상거래 시 재래시장에서조차 정찰제가 철저히 이행되고 있어 신뢰감이 갔다. 대만 국민 대다수가 옥을 꽤나 좋아하며 바닷물이 내륙 깊숙이 드나들어 아름다운 자연경관을 이루고 있는 점도 인상적이었다.

대만의 집 비슷한 납골당

제주도·울릉도보다 가까운 일본 땅, 대마도

대마도에 관한 얘기는 우리 역사를 통해 수없이 들어왔다. 비록 현재는 일본 영토이지만 우리나라 땅인 제주도나 울릉도보다도 가까운 거리에 있다. 그런 대마도에 평소 꼭 한번 가보고 싶다는 생각으로 살아왔으나 기회가 없었다.

2017년 5월은 여느 해보다 휴일이 훨씬 많았다. 어린이날 지방에 사는 손자들이 올라와 하룻밤을 함께 지낸 후 맘먹고 아내와 단둘이서 대마도 관광길에 올랐다. '볼만한 게 아무것도 없다'며 이미 다녀온 사람들이 아내에게 빈정거렸다는 말이 내 귀에까지 들어왔지만 개의치 않았다.

광명역에서 부산까지는 오가는 데 모두 KTX를 이용했다. 그때까지 말로만 듣던 KTX를 못 타본 아내는 어린애처럼 좋아했다. 사실 나도 KTX는 그날에야 처음 타봤다.

부산까지 2시간 반쯤밖에 안 걸렸다. 비용이 다소 비싸다는 감은 들었으나 빨라서 좋았다. 다만 돌아올 때는 역방향 좌석에다 열차에서 내려 택시를 잡는 데 꽤 시간이 소비되어 불편을 겪었다.

부산에 내려 여동생을 불러냈다. 여동생과 아내는 결혼 후 시누이와 올케 사이의 갈등을 간직하고 남처럼 지내오던 터였다. 둘 다 나이가 든 탓인지 서로 과거의 악몽 같은 일들은 끄집어내지 않았다. 좋은 얘기들만 이어갔고 술을 못 마시는 아내만 빼고 둘은 흠뻑 취했다. 수십 년간 싸였던 앙금도 훨훨 털어버린 듯했다. 동래역 근처에 숙소를 정한 후 이른 아침 부산 국제여객터미널에 도착했다.

출국수속이 끝나고 8시 반경 웅장한 오션플라워 선상에 올랐다. 다행히 갈 때는 파도가 심하지 않아 별 탈 없었지만 돌아올 때는 심한 파도로 인해 아내가 뱃멀미로 고생했다. 지난해 울릉도 갈 때 무탈해서 별도의 멀미약을 준비하지 않은 게 불찰이었다. 얼마나 고통을 겪었던지 아내는 앞으로 배를 타고 가는 여행은 절대로 안 따라다니겠다고 했다.

3시간이 채 안 돼 대마도의 이즈하라(嚴原) 여객터미널에 도착했다. 대마도 중에 그곳이 제일 번화가라 하는데 내가 보기엔 영락없는 촌구석이었다.
가이드의 안내에 따라 한 시간 반가량 도보 관광을 했다. 그 외는 쇼핑과 자유시간이었다. 그러니 별로 볼 것도 없고 재미가 없다는 생각이 들 수도 있겠다. 나도 처음엔 그리 생각했다. 그런데 몇 군데 조선 말기의 아픈 역사적 흔적을 마주하고부터는 오히려 감회가 새롭다는 느낌이 들었다.

먼저 비운의 덕혜옹주가 대마도주와 강제 혼인 당했던 현장에 들어섰다. 도시 전체가 옛 모습을 거의 그대로 간직하고 있었다. 조선통신사를 영접했다는 곳엔 현대식 우체국이 서 있고 그 옆에 표지석만 쓸쓸히 서 있다.

일본에 대항하여 절개를 굽히지 않았던 면암 최익현 선생의 순국지 표지석은 수선사(修善寺)란 절터 안에 홀로 서 있었다. 조선통신사 표지석을 제외하고는 약소국의 설움이 한껏 묻어나는 현장이다.

아픈 역사를 거울삼아 다시는 외세에 지배되지 않는 강력한 국가를 만들어 가야만 한다는 생각이 머릿속에 각인됐다. 그러기에 대마도 땅 이즈하라는 관광 이상의 의미가 있는 섬이었다.

비록 당일치기 관광으로 기운이 빠지기는 했지만 이런 점들을 생각하면 뜻깊은 여행이었다.

불교국가임에도 소수 종교를 포용하는 태국

얼마 전 공직 퇴직자 모임에서의 어느 선배가 들려준 말이 뇌리에서 떠나질 않는다. 그때 그는 80세였는데 4년 전 부인이 먼저 세상을 떴다.

"여기 걱정은 말고 편안히 잘 가게!"
 부인이 눈을 감으려 할 때 그는 그렇게 임종의 말을 던졌다고 한다. 그는 그런 말을 한 자신이 얼마나 어리석었는지 모른다며 "여보! 사랑해!" 그 한마디 말을 못 해준 것을 정말 후회하고 있었다. 요즘은 가끔 부인 산소 앞에서 소주잔을 기울이며 "여보 사랑해!" 하고 울먹인단다. 그러면서 후배들을 만나면 그날 집에 가서 부인에게 꼭 "여보! 사랑해!" 하고 말하라고 거듭 당부하곤 했다.

아내를 먼저 보내고 홀로 남은 남편들 대다수는 부인이 곁에 있을 땐 몰랐는데 보내고 나서야 "왜 좀 더 잘해주지 못했을까?" 하고 죄책감이 생긴단다. 식물인간이라도 좋으니 곁에 있어만 주면 좋겠단다. 오죽 견디기 어려우면 그리들 표현할까! 나이 들고 보니 나도 공감이 갔다. 그래서 몇 년 전부터 아내와 단둘이 봄, 가을이면 꼭 해외든 국내든 여행계획을 잡아 실천하고 있다.

2018년 봄에는 태국을 찾았다. 가보니 한국보다 2시간 느린 시차가 생긴다. 인천공항에서 저녁 8시 출발해서 새벽 2시 20분에야 방콕의 수완나품 공항에 도착했으니 꼬박 6시간 20분 걸렸다. 숙소인 호텔 도착은 새벽 2시 40분. 태국시각으론 12시가 좀 넘었다.

숙소로 가는 도중 가이드가 인사말 두 마디를 알려주었다. '싸왓디 캅'은 '안녕하세요'라는 말인데 여인들은 '싸왓디 카'라 하고, '컵쿤 캅'은 '감사합니다'인데 여인들은 '컵쿤 카'라고 한다고 하였다.
태국은 땅속에 물기가 많아 주차장을 지하에는 못 만든단다. 자동차의 운전석과 차량의 진행 방식도 한국과는 정반대였다.

무더위 때문에 새벽시장과 야시장이 발달했고 한류 문화도 활발하단다. 나는 TV를 잘 안 봐 몰랐는데 갓세븐이란 가수 노래와 〈태양의 후예〉라는 드라마가 인기란다. 밤 12시 이후에는 소란방지를 위해 술과 담배를 안 팔며 특히 3월 1일은 불교국가인 그곳에서는 '만불절'이라 하여 온종일 술, 담배 판매를 금지하고 있단다.

새벽에 숙소에서 짐을 챙겨 느지막이 파타야 쪽으로 이동했다. 파타야는 수도인 방콕의 남쪽 지방에 있는 작은 어촌으로 염전을 위주로 성장한 도시이며, 미국이 태국과 동맹하여 베트남과 전투를 벌일 때 미국 장병들의 휴식 장소로 각 광을 받으며 급속한 발전을 했단다.

이동 중 방콕시에 있는 '에러완 코끼리동물원'을 관람했다. 코끼리 모형의 조각품을 꽤 많이 진열해 놓았고 그 중앙엔 거대한 코끼리 형상이 자리 잡고 있었다. 거대한 코끼리 상 밑에는 불상을 적당히 배치한 큰 건물이 자리 잡고 있으며, 한국처럼 방문객이 요소요소에 헌금을 놓고 기도하는 모습도 눈에 들어왔다.

건물 주위에도 코끼리 상(像)이 즐비하며 그 옆을 지나갈 때마다 서로 다른 특유의 소리를 내 관람객의 호기심을 불러일으켰다. 패키지 관광이라 여행 중 총 5회의 쇼핑 장소에 들러야 했다. 첫 장소는 진주 판매장이다. 아내의 성화로 자녀에게 주려고 8만 원짜리 목걸이를 하나 샀다. 이어진 2시간 전신 마사지는 지금까지의 어느 곳보다도 시원하게 쌓인 피로를 확 풀어 주었다.

점심엔 내가 일행에게 쌩솜이란 1만 원가량의 술 2병을 대접했다. 2시간쯤 고속도를 달려가니 관광도시 파타야가 시야에 들어왔다. 관광객 대부분은 중국인이다. 세계 여러 나라의 노래와 춤이 공연되는데 한국의 아리랑도 선보여 힘찬 박수를 보냈다. 전신 마사지 중 배운 태

국어 두 마디. 살살하란 말은 '바우 바우', 세게 하란 말은 '낙락'이다

　가이드를 통해 여기 문화를 소개받았다. 도로를 누비는 차들은 90%가 '도요타, 혼다' 같은 일제였다. 차량의 운전석이 오른쪽인 이유를 이젠 알겠다. 중국인은 숫자 8을 좋아하는데 태국인은 9를 행운이라 여긴단다.
　창문을 열어놓고 달리는 일반버스와 냉방이 설치된 고급 버스가 있는가 하면 트럭에 사람을 실어 나르는 트럭 버스도 간간이 눈에 띄었다. 버스 승강장에 들어갈 때 지하철처럼 카드를 사용해 개찰구를 통과하는 모습도 특이했다. 1인용 오토바이 택시도 인기를 끌고 있었다.

　태국은 왕이 존재하며 왕의 위상이 절대적인 나라다. 군부가 19차례 쿠데타를 일으켰지만 왕이 승인해야 성공할 수 있다. 실제로 9번의 쿠데타는 실패로 끝났으며 지금도 군부 통치가 이뤄지고 있다. 주변 여러 나라가 모두 외세의 침략을 받고 식민지를 겪었으나 태국만은 동남아에서 식민 지배를 당하지 않은 유일한 나라임을 태국에 가서 비로소 알게 됐다.

　최근에 사망한 국왕 '라마 9세'는 20세에 등극해 90세까지 70년간 왕위를 지켰는데 국민의 신임이 거의 절대적이었다고 한다. 그는 일부다처제의 나라에서 평생 일부일처제를 실천하며 백성을 가족처럼 여기

고 사랑했다 한다.

　불교도 타락하지 않았다. 스님들은 예전처럼 맨발에 바루를 메고 돌아다니며 음식을 공양하는 참모습을 보여주고 있다. 버스엔 스님 전용석이 마련되어 있을 만큼 스님들에 대한 존경심도 대단하다. 스님들은 계율로 여성과의 접촉을 금하고 있다.

　태국 불교는 힌두교와 유사성이 많으며 코끼리를 영물로 보고 신성시한다. 살생을 금해 길가에는 주인 없는 개들이 즐비하나 전혀 개에게 위해를 가하지 않는다. 개고기를 안 먹는 건 말할 필요도 없다. 우리는 귀신을 터부시하지만 태국 사람들은 큰 건물에 귀신을 위해 음식을 마련해 놓고 귀신의 기분을 좋게 해주고 있다. 태국인의 정서는 우리와 대조적이었다.

　벼농사는 날씨 덕에 4모작을 한다. 태국에 쌀이 남아도는 이유다.

　수도 방콕엔 한강처럼 도시를 가로지르는 '차오푸라야'란 강이 있어 1년 내내 수량(水量)이 넘친다. 물가도 싸지만 골프 비용이 특히 저렴해 골프광들이 자주 찾는 나라이기도 하다. 파타야 호텔엔 wifi가 안 돼 호텔에 2일간 8천 원을 주고 쓰는 불편함이 생겼다. 오가다 도마뱀처럼 생긴 동물이 있어 카메라에 담아봤다. 카멜레온이란다. 난 처음 봤다.

다음날 6시 50분에 파타야 해변으로 향했다. 파타야 해변에서 산호섬(꼬란섬) 가는 소형선박으로 갈아타려면 신발을 벗어야 한다. 차에서 내리니 슬리퍼 파는 아낙네들이 몰려들며 호객행위를 했다. 모두 슬리퍼를 이동 상인들에게 사 신었으나 우리 부부는 맨발에 바지만 걷어 올렸다. 물이 종아리 윗부분까지 차올랐다. 슬리퍼는 싼값이었지만 그걸 사서 짐을 덧붙이기가 싫었다.

수영복도 안 가져가 산호섬에선 백사장을 어슬렁거려 보기도 하고 물속에 발도 담가 보았다. 선착장 부교는 파도칠 때마다 심하게 출렁거려 아찔함이 느껴졌다. 아내는 거기서 물건을 파는 잡상인 여인에게 가짜임을 알면서도 진주 반지 하나를 헐값에 사 끼었다.

9시 반쯤 다시 배를 타고 20여 분을 가서 정박 중인 바지선으로 기어올랐다. 낙하산 타는 곳이다. 배에 연결된 낙하산에 몸을 묶은 후 배가 쏜살같이 바닷물을 가르며 돌진하면 사람을 매단 낙하산이 활짝 펴지며 하늘로 오른다. 과연 장관이었다. 근처에 이런 바지선 10여 척이 성업 중이었다. 번지점프처럼 스릴이 있어 보였다.

우리 내외는 구경만 하다가 일행의 체험이 끝날 때지 기다려 함께 식당으로 옮겼다. 식사 후 호텔로 돌아와 2시까지 휴식을 취하며 몸에 스며든 해수와 모래를 씻어냈다. 오후 관광은 '왓 얀나 쌍원 와라람 사원'부터 시작했다. 유명 스님의 사리가 봉안된 곳으로 관리인만 상주하고 있었다.

이어진 코스는 코끼리트레킹장 체험이다. 구내에 들어서니 담배 연기 악취가 코로 스민다. 중국말 쓰는 2명이 'No Smoking'이란 표지판을 무시하고 태연히 몰염치한 행위를 하고 있다. 눈살이 찌푸려졌다.

입구엔 악어 한 마리가 책상 위에 놓여있었는데 입장객들에게 만져 보고 함께 사진도 찍으라고 한다. 위험성 있는 이빨과 주둥이가 꽁꽁 묶인 악어가 애처로워 보였다. 멀뚱멀뚱 뜨고 있는 악어의 눈에서 인간에 대한 원망이 서린 듯 보였다. 동물 사랑이 남다른 아내는 그곳을 벗어난 후에도 계속 그 장면이 그려진다며 속상해했다.

아내와 함께 코끼리 등에 타 보고 싶었지만 동물 학대라며 아내가 뒤로 빼 나만 일행 중 인천서 온 1명과 함께 20 바트를 내고 탔다. 코끼리 등에 함께 탄 안내원이 행운의 반지라며 주기에 받았더니 20바트를 또 내란다. 상술이 판을 쳤다. 내가 탄 코끼리 사진 장면은 앞서간 여대생 가족이 뒤로 고개를 돌려 수고해 준 덕분에 건진 명작이다. 포도 농장에도 들렀으나 포도즙 한잔 마신 외에 별로 남은 기억이 없다.

마지막으로 들른 황금 절벽 사원은 퍽 인상적이다. 바위산을 깎아

음각해 금을 채워 넣었다는데 높이가 130m나 된다. 들어간 금의 양만도 5kg이나 된다고 했다. 현역 군인들이 보초를 서고 있었는데 도난 방지란 측면에서 보면 일면 이해가 된다.

아내는 이곳에서도 일구월심 기도를 하다 맨 뒤에 내려왔다. 불교국가지만 이 나라엔 남자만 승려가 될 의무와 권리가 있을 뿐이다. 비구니가 없는 나라다. 국왕은 반드시 불교를 신봉해야 하며 모든 남성은 우리나라 젊은이들에게 국방의무가 있듯이 헌법에 따라 일생에 한 번은 반드시 일정 기간 스님 생활을 할 의무를 지닌다고 한다.

불교 나라이면서도 태국은 기독교나 소수 종교도 수용하며 존중해 준다. 이 점은 우리나라의 모든 종교인과 신도들이 본받아야 한다. 태국의 길거리엔 어딜 가나 전깃줄이 뒤범벅이었다. 미관에 문제가 있지만 지하에 물기가 많아 매설할 수 없기 때문일 것이다. 전날에 이어 이 나라의 쌩솜 술은 물론이고 한국 소주를 가져온 분이 있어 저녁에 또 한 번 기분 좋게 취했다.

여행 마지막 날이다.
8시 전에 아침 식사를 마치고 짐을 쌌다. 방콕과 달리 관광지인 파타야에선 한국의 YTN 방송이 송출돼 국내 사정을 아는데 다소 도움이 됐다. 전날 서울엔 5개 지역에 150만 인파가 시위에 참여했으며, 박원순 시장이 감싸며 옹호해 주던 광화문 앞의 정치 성향 세월호 상징물을 애국 시위대가 불태웠다는 유튜브 기사가 있었다.

9시 50분 호텔에서 짐을 챙겨 하루 남은 여행을 시작했다. 오전에 악어농장을 방문했다. 곳곳의 나무화석이 마치 쇳덩어리처럼 단단한 형태로 남아있고 그 위에 파초가 자생하는 모습이 인상적이다.

악어는 물론이고 호랑이와 사자가 평화롭게 사육되고 있다. 코끼리와 기린에게 바나나를 주는 재미도 있었다. 이곳의 하이라이트는 악어

태국 악어공연

쇼이다. 사육사가 사나운 악어 입에 손을 집어넣고 심지어 머리를 집어넣는 장면엔 조마조마하여 가슴을 졸였다. 관람이 끝나고 여기저기서 사육사에게 팁을 건네주었다. 나도 아내를 통해 100바트를 순순히 내주었다.

그때 태국의 기온은 30도를 웃돌아 옷에 땀이 스며들고 있었다. 앞으로 기온이 더 오른다니 이맘때 온 게 잘된 일이다. 사계절이 있는 내 나라가 제일임은 여기서도 느껴진다. 물도 안 좋다. 먹는 물은 말할 것도 없고 샤워하는 물도 비누 거품이 잘 안 생기는 센물이다. 머리를 감으면 뻣뻣한 기운이 남아있어 상쾌함이 없다.
악어농장 관람이 관광의 끝이다.

패키지 여행의 문제점이 여과 없이 노출된 날이다. 첫 번째 방문한 라텍스점에서는 가이드의 보챔과 아내의 성화로 관심도 없던 고가의 이불 2점을 구입했다. 현금이 부족해 카드를 꺼냈다. 출국 때 필요한 현금을 예상하고 환전한 돈이 거의 소진됐다. 점심 후에도 예정된 5번의 쇼핑은 여행객의 의지와 무관하게 진행되었다.

저녁 식사 후 둘러본 야시장엔 열대야를 피하려고 '차오 푸라야' 강가에 나온 태국인과 관광객이 어우러져 뱃놀이도 하고 식도락도 즐기는 모습이었다. 한 바퀴 돌아보는데 30분이면 족했지만 비행기 시간을 맞추기 위해 2시간 이상을 그곳에서 머물렀다.

 쇼핑장을 안내하면서 여행객들에게 구걸에 가까울 만큼 상품 구입을 호소하는 가이드는 자신의 자존심을 던져 버려야 하는 슬픈 직업이며 아마 여행업계의 구조적인 어둠의 구석일 게다.
 가이드는 홈페이지에 접속해 칭찬의 글을 남겨달라는 당부를 두세 번이나 강조했다. '얼마나 심적 부담과 스트레스가 쌓이면 이런 표현까지 할까!' 목구멍이 포도청이란 말이 있듯 가이드란 직업은 고달프고 힘든 직업이란 생각이 든다.

 공항으로 이동하면서 쓰고 남은 태국 돈 200바트를 한국인 가이드에게 쥐여주었다. 말이 통하지 않는 태국인 가이드와 운전기사에게 동정심이 생겨 그들 몫으로 건네준 것이다.

 저녁 10시 30분경 현지에서 출국수속을 마치고 새벽 1시 15분(한국 시각 3시 15분)에야 귀국 비행기에 탑승했다. 갈 때보다 비행시간이 1시간쯤 단축되고 시차도 2시간밖에 안 되지만 밤새워 기내에서 선잠으로 보낸 탓인지, 집에 와 어둠이 찾아온 후에야 간신히 눈을 떴다.

필리핀, 섬이 7천여 개나 되는 섬나라

해마다 봄가을이면 아내와 해외여행을 하기로 맘먹고 수년째 실행에 옮기고 있다.

2018년 봄엔 태국을 다녀왔고 가을엔 필리핀의 마닐라로 정했다. 아직은 생활 현장에 매인 몸이라 연휴나 샌드위치데이를 활용하는 게 눈치 보이지 않아서 마음이 편하다. 다만 이런 기간을 활용하다 보면 평일보다 비용이 좀 더 나가는 흠이 있긴 하다.

필리핀은 치안이 열악하다며 주변에서 말리는 이들이 많지만 개의치 않고 결심했다. 막상 출국 날이 가까우니 일본은 태풍으로, 인도네시아는 지진으로 몸살을 앓고 있다.

사무실에서 오후 2시경 일찍 나와 짐을 챙겨 공항으로 가는 리무진에 아내와 함께 몸을 실었다. 평소 바가지가 잦은 아내도 여행 기간만큼은 잘도 참아준다.

태풍 영향이겠지! 아침부터 서울에도 줄기차게 비가 내렸다. 둘째는 어제부터 꿈이 안 좋다며 걱정이더니 오늘도 탑승 직전까지 걱정하는 전화다. 공항에서 우리의 행선지와 일정이 같은 분을 우연히 만나 서로 말벗을 하며 마닐라까지 지루하지 않게 도착했다.

우리 부부와 함께 3박 4일을 보낼 가족은 세 가족에 9명이다. 혼자 온 70대 남성, 그리고 가족 6명이 함께 온 팀이다. 필리핀은 7,107개의 섬으로 둘러싸인 섬나라다.

빈부의 차가 크며 소매치기와 좀도둑을 조심하라는 가이드의 경고도 있었다. 영사관으로부터 어느 지방인가 계엄이 선포되었다는 메시지도 왔다. 치안이 한국만 못하다는 걸 직감하겠다.
물도 안 좋아 생수를 사 먹어야 하며 가게에서는 필리핀 돈 페소 이외에는 안 받는다. 도착하자마자 가이드 팁으로 1인당 40불을 먼저 계산해 주었다.

이곳 시간은 한국보다 1시간 늦다. 한국시각으로 새벽 1시에 호텔에 도착했다. 내일은 이곳 시간으로 7시 반에 관광을 시작한다니 잠시 눈을 붙여야겠다.

다음 날 오전 7시 반부터 본격적인 관광이 시작되었다. 마닐라 시가지에서 외곽으로 60여km 떨어진 곳으로 나가는데 교통체증이 심해

서너 시간이나 소비해야 했다.

　가는 도중 가이드를 통해 필리핀 역사 공부를 좀 했다. 필리핀은 동남아 국가 중 유일한 가톨릭 국가로 국민의 80%가 가톨릭 신자이다. 1563년 마젤란이 세부 섬을 발견한 이래 무려 321년간이나 스페인 지배를 받았다.

　필리핀이란 국명도 스페인 지배가 시작될 무렵 국왕인 필립 왕의 이름에서 유래된 것이다. 필리핀은 루손, 비사야스, 민다나오 지역으로
　3등분 된 7천여 개의 섬으로 이루어졌으나 그중 8백여 섬만이 유인도(有人島)라 한다. 내가 방문하고 있는 이 나라의 수도 마닐라는 가장 규모가 큰 루손 섬에 자리 잡고 있다.

　필리핀은 1898년 스페인에서 독립하고 이후 미국의 47년 식민 통치를 벗어나 독립했다. 하지만 민다나오 지역은 가톨릭 국가 필리핀에서 아직도 무슬림 세력이 상당하고 반정부 시위가 격렬하다. 전날 계엄령이 선포되었다는 문자가 올 정도이니 이 지역의 여행에는 세심한 주의와 경계가 필요할 것으로 보인다.
　필리핀은 면적이 남한의 3배이며 인구는 1억2천만 명이다. 빈부의 차가 심하고 현재는 우리나라보다 뒤처졌지만 70년대 초만 하더라도 아시아에서는 일본 다음으로 경제 강국이었다.

호텔에서 나와 64km 떨어진 따알 호수 선착장에 도착 후 다시 15분쯤 배를 타고 들어가 조랑말 등에 얹혀 따가이따이 화산분화구에 도달했다. 아내는 말이 고생하는 게 안쓰럽다며 포기할 듯하더니 막상 다녀와서는 좋은 경험했다고 만족스러워했다. 말을 1시간 넘게 타니 엉덩이가 좀 아파졌다.

이 산은 화산이 폭발하기 전엔 3,000m 높이였으나 40여 차례 폭발 후 지금처럼 700m로 낮아졌다 한다. 전망대에서 내려다본 화산분화구는 자연이 만들어낸 명품이다. 마치 백두산 천지를 연상케 해준다. 이 화산은 세계에서 가장 규모가 작다고 한다.

돌아오는 길목엔 도심보다 유난히 많은 이색 교통수단이 눈앞에 어른거린다. 오토바이 곁에 연결한 트라이시클이란 서민용 소형운반차, 그보다 빈약해 자전거 곁에 연결해 페달을 밟아 달리는 세발 운반차인 페디캡, 지푸니란 미니버스 등. 이들 모든 교통수단은 한국에선 볼 수 없는 이색적이고 서민적이며 정감이 물씬 풍기는 볼거리들이다.

고속도로 진입로에서 러시아워로 정체가 심하면 지원 인력이 여러 명 투입되어 현금 징수를 돕는 후진적인 모습도 눈에 들어왔다. 마닐라 시내에 들어와 독립운동가 리잘의 동상이 세워진 잘 가꾸어진 공원을 둘러보았다.

16세기 스페인 지배하에 세워진 성어거스틴 성당 주변에서 말이 끄는 수레를 타고 시내 투어도 1시간쯤 했다. 현대식 건물인 오카타호텔의 오색 분수 쇼를 끝으로 그날 여정을 마무리했다.

필리핀 여행 셋째 날이다.
우릴 태운 미니버스는 어느덧 마닐라를 벗어나 라구나지역에 당도했다. 이곳은 온천으로도 유명하나 특히 '팍상한'이란 폭포를 보려고 관광객이 모여든다. 선착장에서 5인용 보트를 탔다. 일행 중 한 명이 우리 부부와 합세하고 나머지 6가족도 2대에 나누어 탔다.

배의 양 머리에서 균형을 잡기 위해 노련하게 노를 저어 나가던 선원들은 암초가 나타나면 배 밖으로 나가 둘이 사력을 다해 배를 밀어 올리며 힘을 뺐다. 가이드를 통해 1인당 2달러를 팁으로 부담했지만 보기가 안쓰러워 배 안에서 추가로 사례했다. 암초는 한두 곳이 아니다. 왕복 2시간 10분이 소요되는 먼 거리를 보트로 물결을 거스르며 올라가고 있으니 노 젓는 이들의 노고는 가히 금전으로 환산하기 어렵다.
오르는 도중의 비경은 정말로 이태백이 표현한 별유천지(別有天地)임이 틀림없다.

배 안으로 파도 물이 스며들어 신발과 옷이 다 젖고 작렬하는 햇빛에 노출된 맨살이 시꺼멓게 타들어 가도 그 순간만은 스릴 만점이었다. 산꼭대기에서 쏟아져 내리는 첫 번째 폭포인 애기폭포를 지나니 그리 높지 않으나 폭포가 사납게 내리치는 팍상한 폭포가 눈앞에 모습을 드러냈다.

모두 배에서 내려 뗏목을 타고 팍상한 폭포에서 사납게 내리치는 폭포수를 헬멧을 쓴 머리와 온몸으로 내리 맞으며 색다른 체험을 했다. 아내는 뗏목에서 내려 되돌아오는 보트를 타려는 순간 미끄러져 물속에서 허우적대며 아슬아슬한 순간도 겪었으나 평생 못 잊을 진풍경이라 입을 모았다.

내려오는 물길은 물의 흐름과 방향이 같아 순조로 왔다. 노 젓는 이도 힘드나 체험하는 우리도 삭신이 쑤셔댔다. 몸에 붙은 모래를 샤워로 씻어내고 선택 관광으로 1시간 동안 전신 마사지를 받으며 1인당 40불을 내고 피로를 풀었다.

이곳은 영어가 잘 통하지만 필리핀어로 말한다면 '안녕하세요'는 '구부스 따까', 맛있다는 '마사랍', '감사하다'는 '쌀라맛뽀'라고 한다.

현지민이 즐겨 먹는 식단으로 저녁 식사 후 과일가게와 수산시장을 돌아보며 이름이 생소한 열대과일을 맛보고 숙소에서 곯아떨어졌다.
아쉬운 건 팍상한의 비경과 노 젓는 이들의 중간중간 힘든 장면을 물에 젖는다는 이유로 휴대폰을 안 가져가 카메라에 담지 못한 점이다.

필리핀 팍상한

출국하는 공항면세점에서 카드 보관용 지갑이 너무 낡아 120불 주고 타조 가죽 지갑을 하나 사고 코코넛 오일과 칼라만 꿀도 한 병 샀다.

전날 기분 좋아 가이드가 제공한 노니주를 일행 중 한 명과 남김없이 마셨는데 나오면서 깜박 모자를 두고 왔다.

함께 여행한 6명 대가족의 가장은 바로 어릴 때 내가 살던 음봉면 소동리 사람이라 즐거움이 더했다.

축복의 물세례, 라오스

아내와 둘이 2018년 들어 3번째 여행에 나섰다. 백두산으로 가려고 했으나 모객이 안 돼 라오스로 방향을 틀었다. 출발하는 날 서울은 그해 들어 가장 추운 영하의 날씨가 찾아왔다. 라오스는 기온이 높으므로 거추장스럽지 않게 나섰으나 그사이 콧물과 기침이 침입했다.

집에서 나와 가스충전소를 지날 때 전봇대 위에서 까마귀가 기분 나쁘게 짖어대더니 산통이 났다. 리무진 버스에 타며 내가 아내 몫까지 계산했는데 뒤따르던 아내가 또 카드를 대 이중 계산이 됐다. 기사가 전화번호와 계좌번호를 묻고 회사에서 환불(換拂)할 거라고 말했지만 찜찜하다.

라오스 돈을 환전하려고 공항에서 몇 군데 은행에 가봤으나 모두 허사였다. 후진국이라선지 현지에 가야 환전이 가능하단다.

비행기는 저비용 항공사인 제주항공을 이용했다. 출국 3시간 전인데 이미 발권 절차를 밟는 줄이 길게 늘어서 있었다. 안내하는 여직원이 70대 중반인 우리 부부에게 기계를 이용해 발권하라고 입구를 막아섰다.

자동화 기계 앞에 서자 은근히 긴장된다. 아내가 불안한지 젊은이에게 부탁해 보라 보챈다.
'에라! 모르겠다. 한번 해 보자.'
화면의 안내대로 따라 하다 보니 신기하게 비행기표가 좌석까지 지정돼 나온다.
'이렇게 수월한걸.'
용기를 내 수하물도 자동화 시스템을 이용해 손쉽게 보냈다. 기계화 덕분에 줄 서서 발권하던 인파들보다 훨씬 빨리 검색대를 통과할 수 있었다.

무료하게 탑승장 앞에서 2시간을 기다렸다. 기내식이 제공되지 않아 집에서 준비한 다과류로 요기했다. 검색대 통과가 불가한 물도 한 병 사서 통과 전 억지로 마셔대곤 수시로 화장실을 드나들었다.
5시간 반을 기내에 웅크리는 일은 노년으로선 힘든 일이다. 승객에게 서비스하며 식음료와 기념품을 판매하는 승무원들도 애처로워 보였다. 아내가 출출한지 5천 원짜리 컵라면을 2개 주문했다.

기내는 99%가 한국인들이며 승무원도 모두 한국인이었다. 마치 국내 여행하는 기분이다. 내 곁에 자리 잡은 일행 오륙 명은 골프 여행객들이었다. 남자들끼리 온 그들은 시종 맥주와 포도주를 앞에 놓고 수다를 떤다. 내 바로 앞자리의 젊은 서양인 커플이 조용히 앉아 노트북으로 영화를 보며, 있는 듯 없는 듯 조용한 표정과는 너무나 대조적이다.

입국장은 현역 군인들이 근무하고 있다. 1998년 홍콩에서 선전시로 갈 때 입국장에서 보았던 중국군들의 인상을 연상케 해준다. 자유 진영과는 정말 다른 모습이다.

수하물은 여행한 여러 나라 중 가장 간편하게 찾았다. 입국 절차를 마치고 수화물 찾는 곳에 이르니 이미 승객들의 짐이 정지된 상태로 주인을 기다리고 있다. 수량이 적은 때문인가 보다.

라오스의 수도는 '비앤티안'이다. 이곳 왓따이 공항에서 우리 부부와 합류한 여행객은 모두 12명이다. 모두 부부인 듯하며 나이도 거반 60대 전후로 보인다. 가이드가 안내한 덴사반호텔은 공항에서 차로 불과 3분 거리에 있었다. 나지막한 3층 건물로 승강기가 없어 계단으로 짐을 옮기는 불편이 따랐다. 가이드가 모기향을 갖다 놓았으나 쓸 필요가 없었다. 모기가 극성이라는 정보를 듣고 겁먹었으나 그럴 필요가 전혀 없다.

와이파이도 방에 입실하자마자 자유롭게 이용할 수 있어 타국보다 오히려 편리했다.

 물은 베이징처럼 석회수라 음용은 안 되나 지중(地中)에서 나오는 황토물이라 피부에 좋다며 샤워는 꼭 하라고 가이드가 일러주었다. 그는 또 이곳은 핸드폰이 귀하고 비싸므로 도난당하지 않도록 주의하라고 신신당부했다. 서울과 달리 기온이 높아 호텔에 입실하자마자 가이드가 에어컨을 틀어주었지만 감기 기운이 있어 바로 껐다. 현지시각 새벽 1시 5분, 서울 시각 3시 5분이다. 일과를 마치고 조용히 잠을 청해본다.

 비앤티앤의 덴사반호텔에서 조식 후 9시에 대기한 버스에 올랐다. 어제는 막연히 6가족이거니 했는데 그중 4가족은 서로 가까이 알고 지내던 성남에서 온 단체여행객이며, 울산에서 온 부부와 우리 내외가 끼어 6가족이 되었음을 오늘에야 알았다.

 라오스는 국토 면적이 우리나라의 2.5배나 되지만 인구는 700만 명에 불과해 국토의 많은 부분이 유휴상태로 방치되어 있다. 베트남전 이후 주변국과 달리 미국 편에 섰다가 미국이 철수하고 공산정권이 들어섬에 따라 라오스도 전쟁의 상처가 심했다. 이 나라의 궁핍함을 이용해 원조한 나라가 중국이며 상권의 90%를 중국계가 차지해 라오스의 중국 예속화는 불가피한 것처럼 보인다.

빈부 격차가 심한 라오스는 국민의 11%가 문맹이란다. 길거리 간판은 문자 밑에 그림이나 사진을 삽입하여 문맹자들의 이해를 돕고 있다.

중간에 소금 마을을 관람했다.

인도차이나는 바다가 융기하여 생긴 나라들이다. 그 때문에 내륙 국가인 라오스는 지하 240m의 소금물을 끌어올려 정제된 소금을 만들어 쓴다. 지하수를 끓여 정제한 소금과 햇볕을 이용해 만든 천연 소금이 현재 이 나라에서 생산되고 있는 것이다.

소금 마을에서 만난 소년 소녀들이 우리를 바라보며 우호의 신호를 보낸다.

"대한민국 짠짠짠!"

'화장실'이란 한글 표지판도 보인다.

점심은 메콩강 하류의 탕원에서 배를 띄워놓고 선상에서 풍류를 즐기며 맛보았다. 단체로 온 4가족은 식후 선상 노래방에서 신나게 놀아댔다. 방비엥으로 가는 길은 멀고도 지루하다.

차로 이동하는 시간만 메콩강 선착장부터 4시간이 걸렸고, 도로는 대형 화물차량의 상시통행으로 비포장이나 다름없어 더욱 지루하게 느껴졌다. 안남산맥을 넘어야 하는 이 길은 중국 운남성으로 통하는 첩경이라 차량의 이동이 빈번하다.

도로 주변의 집들과 가로수는 온통 흙먼지를 뒤집어쓰고 있다. 60년대 우리가 살던 시골 비포장도로를 흙먼지 속에 달리던 자동차 모습이 떠오른다. 그런 환경이건만 도로변의 집들에선 빨랫줄에 매달린 옷가지들이 눈에 띄며 먼지를 의식하지 않고 일하는 아낙들의 모습도 보인다. 도로를 누비는 차량은 한국의 기아차와 현대차가 많이 눈에 띈다. 이 나라의 자동차 산업의 선두 주자는 코라오(코리어+라오스란 의미임)라는 회사의 한국인 사장 오세영이라 한다.

차량 번호판은 바탕 색깔에 따라 4가지로 분류된다. 흰 바탕에 검은 숫자는 할부금이 아직 남은 차량이요, 노랑 바탕이면 할부금을 다 갚은 차량이고, 흰 바탕에 푸른색이면 경찰 등 공무차량이며, 붉은 바탕이면 군대 차량이란다.
공산권에서나 통용되는 차별적 발상이다. 이 나라의 군인들은 모병제에 의한 직업군인이며 월급으로 생활한단다.

방비엥으로 넘어가는 산기슭의 넓은 평야 지역은 방목하는 소 떼들의 세상이다. 소들이 마치 순한 개처럼 평화롭게 거리를 활보하며 어느 놈들은 차도까지 나와 얼쩡거리지만, 차량 흐름을 방해하진 않았다.

방비엥은 관광지이다.
도착하면 여기서 전신 마사지를 받으며 피로를 풀고, 다음 날부터 본격적인 체험관광에 나선다. 저녁 식사 후 야시장을 둘러보고 다음 날 물놀이 때 쓸 물 빠짐 고무신 두 켤레를 5달러 주고 샀다.

호텔은 비앤티앤보다 규모와 시설은 우수하나 난시청 지역이라 TV 수신이 어렵고 와이파이는 연결되다 끊겼다 하며 인터넷도 네트워크 환경이 열악해 불편함이 크다.

오늘은 방비엥에서 체험관광을 하는 날이다.

8시 호텔에서 메콩강 상류 송강으로 출발했다. 먼저 스릴 있는 짚라인에 매달려 4코스를 도는 체험에 도전했다. 아내는 겁을 먹어 안전요원 1명을 지원 배치해 겨우 함께 도전할 수 있었다.

이어진 탐짱 동굴 체험엔 대형 튜브에 몸을 담그고 누워서 동굴 천정을 관람하는 코스인데 거의 엉덩이와 바지가 물에 잠겨버렸다. 옷의 물기가 마르길 기다려 영업장 내에 푸짐하게 차려놓은 점심을 1시간 반쯤 앞당겨 먹었다.

다시 카야킹 장으로 이동해 1시간 동안 매콩강에 흐르는 물결 따라 배를 저어 나갔다. 이 나라 사람들은 물세례를 축복으로 여긴단다. 통나무배 1척엔 가족 단위로 2명씩 탑승했다. 내가 제일 앞에 타서 노를 저었고 아내가 무게 중심을 잡기 위해 내 바로 뒤에 탑승하고 서로에게 물을 뿌리는 장난질을 치기도 했다.

탐짱 동굴 견학

옷의 물기가 가실 때쯤 다시 버기카 타는 장소로 옮겼다. 버기카는 2인용이며 아내와 내가 탑승한 차량은 내가 운전기사가 돼 2시간 반 동안 도로를 누볐다. 중간중간 도로가 파손돼 울퉁불퉁하고 가끔은 소 떼가 몰려들어 신경을 써야 했다. 버기카를 타고 달리는 길 주변 산악의 모습은 정말 장관이었다.

버기카 운전을 마친 후 먼지 속에 찌든 몸을 에메랄드 호수에 담그고 피로를 풀었다. 이 연못 물은 알칼리성으로 피부에 좋다 한다.

마지막으로 숙소에 돌아와 샤워 후 전날처럼 다시 마사지를 받았다.

사실상 이번 여행의 마지막 밤이다. 가이드가 소주와 맥주와 삼겹살을 내놓아 나도 푹 취해 버렸다. 8시에 방비엥의 호텔에서 짐을 챙겨 이틀 전 넘어온 안남산맥을 되넘었다.

올 때도 그랬지만 갈 때 또한 장장 4시간을 터덜대는 버스에 몸을 맡길 수밖에 없었다. 먼지와 덜커덩대는 환경보다 더더욱 맘을 애타게 한 건 공중화장실이 없어 휴게실이 나올 때까지 2시간이나 소변을 참느라 고통을 감내해야 하는 것이었다. 공항에서 만난 우리와 다른 일정으로 온 여행객들의 말을 빌리면 그들은 방비엥에서 쾌속정을 이용해 불과 40분 만에 비앤티앤에 닿았단다. 그런 걸 보면 여행사나 가이드를 잘 만나야 한다.

과거 태국이 라오스를 침공해 많은 사원을 불사르고 약탈한 일이 있기 때문에 두 나라는 우리나라와 일본과의 관계처럼 견원지간이 되어 있었다.

오늘은 비앤티앤 시내 관광이다.
먼저 왓시사켓사원에 들렀다. 태국침입 때도 불타지 않은 이 나라의 가장 오래된 사찰이다. 건축물이 연꽃 모양으로 배치되고 사방의 꽃잎을 상징하는 미음(ㅁ) 자형 구조물엔 6,400개의 불상이 전시되어 있다. 다음은 건물이 온통 금빛으로 입혀진 와탓루앙사원을 방문했다.

이곳엔 부처님 가슴뼈 사리가 대웅전에 보관되었다는데 아쉽게도 일반인에게 공개는 안 하고 있다. 건축양식은 왓시사켓과 동일하며 연꽃 모양의 외곽에 진열된 불상은 태국이 침략할 당시 목이 꽤 많이 잘려나갔고, 불전이 가득한 모금함도 코너마다 지폐가 가득 든 채로 전시되고 있었다.

이 나라가 프랑스에서 독립된 걸 기념하기 위해 파리의 개선문을 모방해 건립한 독립문을 관람했다. 언뜻 보면 개선문을 닮았으나 천정의 조각과 옥상의 건축은 힌두 문화를 상징하는 작품임을 드러낸다.

어느덧 해가 넘어가고 고난도 체험관광도 끝이 났다. 일행과 저녁 식사 후 함께 공항으로 옮겼다. 우리 부부를 제외하면 5쌍의 부부들은 58년 개띠들로 환갑 기념 여행을 온 분들이다. 이번 여행에서 라오스를 많이 알게 됐다.

가이드가 손꼽은 라오스의 5가지 유명한 것은 쌀, 맥주, 커피, 나무와 부정부패이며, 꼭 맛봐야 할 3대 음식은 야채, 과일, 약재 달인 물이다. 또 가봐야 할 3대 명소는 비앤티앤, 방비엥, 루앙프라방인데 나는 이 중 2곳을 가본 셈이다.

그들의 인사말을 두 개만 소개하면 '안녕하세요'는 '싸마이디', '감사합니다'는 '컵자이'이다.

이번 여행으로 라오스 여행객의 99%는 한국인 임을 알게 됐다. 식당과 노래방 쇼핑점, 마사지점, 유원지 등 한국인이 직접 운영하는 곳이 많고, 특히 곳곳에 삼성이란 간판이 붙어 있어 가슴 뿌듯함을 느꼈다.

4부

마른하늘에 날벼락

– 먼저 떠난 아내의 투병일기

항문의 변고

2021년 계묘년 한 해가 저물어가던 12월 하순! 특이한 멜로디를 뿜어내며 핸드폰이 울리기 시작했다. 나와 동갑내기인 아내의 전화였다.
"근처 항 외과에 와 있는데 큰 병원에 가보라 하네!"

아내의 떨리는 듯한 음성이 귓전에 와 머물렀다. 순간 나의 좁은 가슴도 요동치기 시작했다. 나는 얼굴이 화끈거림을 느끼며 만사 제쳐놓고 항 외과가 있는 거리로 걸음을 재촉했다.

뒤돌아보니 아내는 정말 병치레를 많이도 했다. 30대 중반의 젊은 시절에는 샘창자에 궤양이 생겨 음식을 맘 놓고 못 먹었으며 치아가 부실해 하나하나 뽑아내더니 3년 전부터는 아예 틀니로 변했다.

1년 전부터는 무릎관절이 아프다며 오래 걷지도 못했는데 설상가상으로 이번엔 항문 쪽에 변고가 생긴 것이다. 보름 전부터인가 아내는 항문이 아프다며 혼자서 골몰하며 예전에 사다 놓은 좌욕 찜질기를 틀어놓고 쪼이기도 했는데, 차도가 없었던 듯했다.

  혹 치질이라도 생겼을지 몰라 내가 부위를 좀 관찰하려 해도 아내는 결사반대하며 얼씬도 못 하게 했다. 겨우 항문외과를 가보라는 나의 제안만 마지못해 받아들이고 오늘 실행에 옮긴 것이다.
  도중에 병원에서 나오는 아내를 만났다. 대장암인 것 같다는 의사의 설명을 듣고 조직검사를 했단다. 아내와 병원으로 되돌아가 의사의 설명을 좀 자세히 들어보려 했지만 마침 점심시간이었다.

  아내와 함께 집으로 돌아와 늦은 밤까지 대장암에 관한 자료를 검색하며 깊은 시름에 빠져들었다. 지금까지 나는 대장암이 배꼽 아래쪽에서 병변이 발생한다고 알고 있었다. 검색 결과 대장암은 주로 항문 쪽에 병변이 많이 생기며 항문에서 좀 멀리 떨어진 결장에서 종양이 발생하면 결장암이라 하고 항문에 직결된 직장에서 종양이 발생하면 직장암이 된다는 사실을 그제야 처음 알았다.

  결장암과 직장암 둘을 합쳐 대장암이라고 말하는 것이다. 그중 항문에 가깝게 위치한 직장암은 수술도 어렵고 자칫 항문을 폐쇄하고 장루(腸瘻)를 착용해야 할 상황이 올 수도 있단다. 아내의 종양은 항문 가까이에 생겼다 하니 점점 고민의 늪으로 빠져들 수밖에 없었다.

치료 과정을 검색해 보니 입원 치료 기간이 대략 6~7일 정도이며 수술비는 복강경으로 할 경우 본인 부담금만 300여만 원이고 로봇으로 수술 할 경우 건강보험이 적용 안 돼 본인 부담만 1천여만 원이 든다고 한다. 그러니 당장 수술비도 걱정됐다.

'이럴 줄 알았더라면 암보험이라도 계속 부어둘 건데…'

보험사들 하는 꼴이 맘에 안 들어 모두 해약해 버렸으니…, 아~ 이 일을 어찌해야 하나? 하늘이시여, 불쌍한 아내를 돌보아 주소서!

심란한 마음을 가누지 못하던 아내가 안국동에 있는 조계사나 가보자고 제안을 해왔다. 사실 나도 마음이 울적해 있던 참이라 잘 됐다는 생각에 아내를 곁에 태우고 조계사로 향했다. 조계사는 아내가 30년 이상 다니는 사찰이다.

아내는 오륙십 대 때는 거의 매일 절에 가서 살다시피 하더니 요즘은 초하룻날이나 한 번씩 다니는 형편이다. 조계사의 넓은 법당엔 코로나가 극성이지만 앉을 틈도 없었다. 사람이 많이 모인 곳을 피하라고 했지만, 우리 내외는 한 달 전 코로나 예방 접종을 맞았기 때문에 북적이는 인파 속에서도 다소 안심이 됐다.

불상 앞에 3배를 한 후 법당 동쪽 마당에 설치한 소원 탑으로 나가 아내의 건강을 발원하는 소원을 적어 탑에 걸어 놓았다. 사실 나는 그 당시 은퇴한 지 두 달 남짓이라 여기저기 일자리를 찾아보던 중이다. 70대 후반의 나이면 아파트 경비 자리도 내주지 않는 게 요즘의 현실이지만 기도하는 마음으로 아내의 건강 발원과 함께 나의 취업 소원도 발원하며 소원 탑 앞에 머리 숙여 진심으로 기도했다.

보라매병원 암센터가 대장암 수술에 권위가 있다고 해서 전날 밤 인터넷으로 예약했었는데 소식이 없어 새삼스레 전화를 해봤다. 확인해보니 병원 콜센터 직원이 아침에 나한테 전화했으나 운전 중이라 내가 못 받은 듯하다. 1주일 후로 다시 예약을 잡았다. 항문 주변에서는 조직검사 후 약을 먹는데도 계속 피가 나오다가 3일이 지나면서 피가 잦아들었다.

악성 신생물?

조직검사하고 1주일이 지나 검사 결과를 알아보기 위해 항 외과에 전화를 해봤으나 연말이라 검사가 밀려 아직 결과가 안 나왔다는 답변이다. 다음 날 오전까지 보라매병원에 조직검사 결과를 제출해야 하는데 난감했다.

조금 후 간호사한테서 전화가 왔다. 방금 검사 결과가 나왔다면서 환자와 함께 병원으로 나오라는 통보다. 의사가 검진 중이라 30분을 기다렸다. 그사이 내방객도 줄을 섰다. 항문 쪽에 병이 있는 사람들이 생각 외로 많았다. 우리 차례가 됐다. 의사가 검사표를 보여주는데 낯선 문구가 눈에 들어왔다.
'직장 악성 신생물(의증)'
암이란 말은 없는데 큰 병원에서 조직검사를 다시 할 수도 있다며 의사가 조용히 말했다.

혹시 암이 아닐 수도 있다는 안도감이 들었다."

"항문의 출혈이 없는 암도 있나요?"

 내가 고개를 갸우뚱하고 의사에게 물었을 때 아내도 그동안 피가 전혀 안 나왔다고 거들었다. 의사가 아내를 침대에 눕히고 동영상을 보여주었다. 의사는 아내에게 출혈이 있었으나 변기에서 비데를 쓰고 바로 물을 내려 감지하지 못했을 뿐이라며 사실은 출혈이 있었다고 설명했다. 그러나 어찌했던 암이란 용어가 없으니 반신반의하며 병원문을 나섰다.

 열심히 다시 인터넷을 검색해 봤다. 검색 결과 '양성종양'은 전이할 우려가 없는 안전한 종양이나 '악성종양'은 그게 바로 암일 확률이 아주 높다는 사실을 확인했다.

 '악성 신생물'이란 악성종양의 의학적 표현이란 것도 알게 되었다. 그렇다면 아내는 암일 가능성이 농후해 보인다. 의사는 종양이 항문에 붙어 있다고 설명해 주었다.

 이제 아내는 배에 장루(腸瘻)를 달고 생활하게 될지도 모른다. 한 해의 마지막 날 보라매병원이 어떤 결론을 내릴지 기도하는 마음으로 기다려 본다. 딸들도 아들도 모두 소식을 접하고 걱정스러운 모습이 역력했다.

 항 외과의 말대로 다음 날 큰 병원으로 갔다. 내가 선택한 병원은 서울시에서 지은 보라매병원이다. 시립병원으로 출발할 당시에는 보잘것없었는데 지금은 서울대학교 의과대학 교수들이 맡아 진료를 맡고 있고 건물도 제법 웅장한 편이다. 다른 종합병원보다는 이용 요금이 저렴하기도 하고 무엇보다 집에서 가깝다는 것이 내가 이 병원을 이용하게 된 가장 큰 요인이다.

우선 동네 항 외과 병원에서 넘겨받은 조직검사 CD를 병원창구에 제출하고 암센터 앞에 도착하니 이미 먼저 온 분들이 꽤 많이 대기하고 있어 40여 분을 대기 의자에 앉아 기다렸다. 아내의 진료를 맡은 분은 허 교수인데 아내는 지금까지 줄곧 그래 왔듯이 허 교수 앞에서도 계속 비데 타령이었다.

아내는 '비데의 수압이 너무 강해서 항문이 아픈 것'이라며, 참으로 바보스럽기도 하고 고집스럽기도 한 말로 자신이 암 환자가 아니란 입장을 일관되게 주장했다.

전문의가 아내를 설득했다.

"오늘 시간이 되면 대장 내시경 검사와 피검사를 먼저 하고 내일은 흉부와 복부 CT 촬영을 해봅시다."

우선 대장 내시경 검사를 위해 약국에서 주는 관장약을 아내가 스스로 항문에 투입했다. 그러나 아내는 대변을 분출하지 못하고 검사실로 들어갔다.

'관장을 시도했음에도 대변이 꽉 차 있어 검사를 못 한다'는 간호사의 설명을 듣고 검사는 다음 날로 미루어졌다. 다음 날도 아침 일찍 병원에 갔지만 오랜 시간을 기다렸다. 종합병원 이용이 처음이라 여기저기 찾아 헤매다 보니 오후 2시가 다 돼서야 전문의를 만날 수 있었다. 그나마 그날은 피검사를 제외하고는 별로 소득 없이 시간만 소비했다는 느낌이 들었다. 동네 병원만 이용하다 종합병원에 와보니 의사 만나는데 절차가 너무 길어지고 짜증스럽다.

아내는 팔십이 다 되도록 한 번도 대장내시경 검사를 받아본 일이 없다. 고집이 센 건지, 우매한 건지 도무지 이해하기 어렵다. 30대 중반 십이지장에 궤양이 생겼을 때도 위장 내시경 검사를 받아보라 했지만 검사하다 죽을지도 모른다며 극구 거절하고 민간요법만 고집했었다.

그런 아내가 이번엔 대학병원 약국에서 받아온 대장 세척 약을 저녁 내내 복용하기 시작했다. 내가 두 가지 약을 섞어 잘 흔들어서 500ml 병에 넣고 15분마다 아내에게 건네주었다. 비위가 상하지만 아내는 듬뿍듬뿍 한 번에 잘도 삼켰다. 장세척 약은 저녁 10시까지 계속 복용했고 10시부터 아내의 화장실 들락거리는 소리가 부산해졌다.

한 해의 마지막 날인 2021년 12월 31일. 전날처럼 아내를 옆에 태우고 보라매병원으로 달렸다. 두 번째 날이라 병원의 배치 상황이 대충 머리에 들어왔기 때문에 첫날보다는 병원 곳곳이 눈에 익어 혼란이 덜 했다. 먼저 흉부와 복부의 CT 촬영을 마쳤다.

병원에 가보니 환자들이 정말 많다. 순간 건강하게 사는 게 정말 행복하단 느낌이 머릿속을 꽉 메워버렸다. 마지막 검사를 위해 아내는 대장 내시경실로 들어갔다. 나는 보호자들이 대기하고 있는 의자에 앉아 검사가 끝날 때까지 대기하고 있었다.

검사가 진행 중인 분들의 진행 상황이 전광판에 실시간으로 표시되고 있어 지루하거나 검사에 대한 궁금증은 사라졌다. 아내가 마침내 생애 최초로 대장 내시경 검사를 마치고 검사실을 나왔다.

간호사는 아내의 암 확진 여부를 판단하기 위해 대장 내 의심 부위를 잘라내 조직검사를 의뢰했다며 검사 결과를 친절히 설명해 주었다. 검사 결과는 앞으로 1주일 뒤에 나온다고 했다.

암 환자로 등록되다

며칠 전 대장내시경 검사와 조직검사를 하고 나서 아내는 걸음도 제대로 못 걷고 항문에서는 출혈도 지속됐다. 아내는 통증을 호소하며 의사는 물론 나한테마저도 원망의 눈빛을 쏟아냈다. 통증은 겪어보지 않으면 모른다.

그제는 선친의 제삿날이다. 예부터 집안에 우환이 있으면 제사를 안 지내는 것이 우리 집안의 풍습이다. 기독교 신앙이 전파되면서 요즘은 제사를 안 지내는 가정이 수두룩하다. 나도 아내가 아프다는 핑계로 선친의 제사를 이번에 한 번쯤 그냥 넘겨볼까 했으나 아내가 알고 나서 펄쩍 뛰었다.

아내의 조상숭배 정신은 정말 남다르다. 아내는 제사를 거르기라도 한다면 조상으로부터 큰 재앙이 내린다고 철석같이 믿었다. 제수 비용도 만만치 않다. 항상 시장에서 최상의 물품을 사다가 정결한 마음을 담아 제상에 올린다.

그 마음만은 갸륵하지만 나는 100% 아내 의견에 동의하지 않고 있다. 결국 아내의 뜻에 따라 제수품을 마련했고 아내는 아픈 몸을 이끌고 제수 상을 준비했다. 그리고 예년처럼 저녁에 자녀들과 함께 무사히 제사를 모셨다. 나도 아내의 정성과 효성이 조상님을 감복시켜 아내의 못된 질병이 쾌차하기를 빌며 정성껏 잔을 올렸다.

며칠 후 조직검사 결과를 확인하기 위해 보라매병원 암센터 앞에서 두근거리는 마음을 가라앉히며 진료순서를 기다렸다. 담당 교수를 만나보니 그도 역시 긴장된 모습이 역력했다.
"암종이 폐로 전이됐습니다."
말하는 주치의의 첫 마디에 나도 아내도 크게 놀라 거의 사색이 되어버렸다. 청천벽력과도 같은 담당 교수의 말은 계속 이어졌다.

"암종이 항문 바로 곁에 붙어 있어 항문을 폐쇄할 수도 있습니다."
'항문 없는 인간'이라니 상상도 할 수 없는 끔찍한 일이 눈앞에서 벌어질 날도 얼마 안 남았다. 거기다 암종이 폐로 퍼졌다니, 정말 울고 싶은 심정이었다. 폐에 생긴 암종을 정밀 진단하기 위해 추가 검사를 해야 한다며 간호사가 검사의뢰서를 넘겨주었다.
PET 검사를 위해 핵 의학과를 거쳐야 하고 MRI 검사를 위해 영상의학과도 다시 가봐야 했다.
암으로 확진돼 간호사의 도움으로 아내는 국립암센터에 암 환자로 등록이 됐다.

　암 환자 등록 시점부터 아내의 치료비는 전체 진료비의 5%만 부담하면 됐다. 경제적으로는 고무적인 일이지만 앞으로 아내에게 닥칠 고통의 나날을 생각하면 가슴이 미어졌다. 병원 문을 나오면서 아내에게 용기를 잃지 말라고 어깨를 다독여 주었으나 이 말 한마디가 아내에게 무슨 소용이 있겠는가!

　가난한 말단 공무원 시절 보잘것없던 나 같은 신랑을 만나 호강도 못 하고 이런 혹독한 시련을 겪다니 아내 볼 면목이 없어졌다.

암과의 사투가 시작되다

정해진 진료 일정에 따라 보라매병원에서 PET 검사를 받았다.

무슨 검사인지 이름도 생소했다. 검사 전에 주사기로 혈관에 약물을 투여한 후 1시간 동안 안정을 취해야 했다. 의사의 지시에 따라 6시간 이상 금식을 했고 검사 시간도 20분쯤 소요됐다.

이어서 장소를 옮겨 MRI 촬영실로 갔다.

여기서는 몸에 지닌 쇠붙이를 몽땅 밖에 두고 촬영했다. 소요 시간만 50분이나 걸렸다. 대장 내시경 검사 때는 무척 통증을 호소했고 아직도 혈변이 묻어나와 우울해 하던 아내지만 이번엔 속을 비운 상태에도 희망을 보는 듯했다.

아침부터 시작한 검사를 모두 마치고 나니 오후 5시 반이 훌쩍 넘었다. 검사 결과 판독을 위해 다음 주 화요일 오후에 담당 교수와 면담일이 정해졌다. 그때 최종 결과가 어찌 판명될지 그리고 치료는 어떻게 진행될지 자못 걱정됐다.

이번 검사비는 암 환자로 등록된 덕분에 총 125만 원인데 본인 부담은 68,200원이다. 건강보험이 이렇게 고마운 줄 이때야 절실히 깨달았다.

이미 보라매병원 암센터에서 정식으로 직장암이란 판정이 났고 국립 암센터에 등록도 끝냈다. 그러나 우직하게도 아내는 아직도 자신이 암 환자라는 사실을 전혀 수긍하지 않고 있다. 그럭저럭 돌아다닐 수는 있었는데 의사들이 항문을 들쑤셔 놓아 오히려 걸음만 못 걷게 되었다며 아내는 오히려 원망의 말만 계속했다. 사실 아내는 병원에 다녀와서 오히려 증세가 더 심해져 걸음을 옮길 때마다 "아이구! 아이구!" 소리가 절로 나왔다.

그런데 병원에서 검진 결과 설명을 듣고 온 후로는 자포자기했는지 아내도 이제 암 환자라는 사실을 부인하지는 않게 되었다.

"폐에 2곳의 염증 반응이 있고 갑상선도 상태가 안 좋습니다. 폐에 생긴 악성종양이 대장에서 전이된 것인지 아니면 본래부터 폐에서 독자적으로 생긴 것인지 모호합니다. 모레 흉부 전문의를 만나보고 그 결과에 따라 폐와 대장을 동시 수술할 것인지, 일정한 간격을 두고 순차적으로 수술할 것인지를 환자 가족과 상의해 결정하겠습니다."

담당 교수는 검진 결과를 설명했다.

담당 교수의 설명을 들어보니 그래도 다행이란 생각이 든다. 수술이 가능하다니 아직은 희망의 끈을 놓지 않아도 됐다. 암종이 더 퍼져 임파선 쪽으로 향했다면 수술도 어려워질 뻔했다. 아내도 전처럼 수술에 부정적이지 않을 만큼 사고가 바뀌어 있었다.

나도 이틀 후 어떤 결론이 날지 참회하는 마음으로 기다리기로 했다. 젊을 때라면 수술한다 해도 걱정이 덜한데 80을 눈앞에 둔 아내가 수술을 잘 버틸지 걱정이 앞선다.

1차 폐암수술 성공

 심전도 검사와 알레르기 검사, 심혈관 검사를 마치고 흉부외과 의사와 마주 앉았다. 의사는 조직검사를 해봐야 정확한 걸 알겠지만 폐에 생긴 종양은 다른 장기에서 전이된 것이 아니고 폐에서 자생 된 것 같다며 다소 희망적으로 말했다. 전이된 경우에는 4기 암으로 진단하는데 전이가 아니라면 3기 이내로 볼 수도 있으며 더욱 희망적인 것은 폐에 생긴 악성종양은 1기 암 정도로 가볍다는 진단이 나왔다.

 우선 폐종양부터 1주일 후에 수술하기로 하고 대장암은 2주 후부터 항암치료를 병행하기로 했다. 담당 교수는 아내의 통증을 가라앉히기 위해 약을 처방해 주었다.

 항문 절제 후 영구 장루(腸瘻)를 착용해야 한다던 외과 교수도 항암치료 결과에 따라 항문을 보존할 수도 있다는 다소 희망적인 의사를 표했다. 그럴 가능성은 아주 희박하겠지만 물에 빠진 사람이 지푸라기라도 잡는 심정이 됐다.

아내의 수술 전 심장초음파 검사 결과는 건강하게 나타나 수술에 전혀 문제가 없다고 했다. 보건소 선별진료소에서 코로나 검사를 받았는데 나도 아내도 다 음성이다. 피검사와 엑스레이 등 사전 검사를 더 받고 수술 내용을 상세하게 설명 듣고 수술동의서 서명도 했다.

'수술은 다음 날 아침 오전 7시에 진행되며 폐에 생긴 양성종양과 전이 의심되는 반점과 림프절을 함께 절제한다.'

이 병원엔 코로나 때문에 입원 날 외엔 보호자도 병실에 들어갈 수가 없다.

대장암 치료를 위해 큰 병원을 찾았다가 새로 발견된 폐암 수술부터 하게 됐으니 어쩌면 전화위복이라 할 수도 있다. 아내의 폐암 수술은 성공리에 끝났다. 수술 도중 중간중간 병원 측에서 제공하는 문자를 받아보며 마음의 안정도 생겨났다. 수술 날 간호사의 양해를 얻어 병실에서 10여 분간 아내의 면회를 했다. 약간의 통증은 있지만 생활에 큰 불편은 없다고 아내가 말했다.

아내만 남겨놓고 병원 문을 나온 후 아내는 가슴의 통증을 호소하며 거의 30분 단위로 계속 내게 전화했다. 곁에서 위로할 수도 없는 나도 마음이 우울하고 무거워 거의 뜬눈으로 밤을 보냈다.

다음 날엔 생수와 화장지를 보내라는 아내의 요청으로 큰딸이 심부

름을 다녀왔다. 아내가 병원에 머무는 동안 딸들이 집에 와서 아내의 손길이 미치지 못해 너저분한 집안 곳곳을 3일간 깔끔하게 치워놓고 불필요한 가재도구와 옷가지 등도 다 버려 주었다.

간호사의 퇴원 안내를 받고 설 전날 퇴원했다. 설날을 병원이 아닌 집에서 보낼 수 있어서 다행이다. 춘천에 사는 아들 내외가 손자들을 데리고 아내 문병을 오면서 환자의 식욕을 높이기 위해 오리 죽과 기타 영양식을 듬뿍 해 와서 아내는 물론 나도 포식했다.
퇴원 기록을 보니 갑상선도 이상 조짐이 있다며 1주일 후 내분비과의 외래방문 일정이 잡혀있었다.

지금까지 설날 차례를 걸러본 일이 없는데 그해는 차례를 생략할 수밖에 없었다. 아래층에 사는 노부부가 아내의 병을 알아채고 떡국을 끓여 손수 가지고 올라왔다. 아내는 오른쪽 폐를 3센티쯤 잘라내 곁에서 보아도 호흡이 꽤 힘들어 보였다. 그래서 그때부터 아내를 위해 내가 밥도 짓고, 설거지도 하고, 세탁기도 돌리고, 실내 청소도 하며 긴긴 전업주부 생활의 터널로 진입했다.

외래 진료일에 '폐암은 대장에서 전이된 것이 아니고 폐 자체에서 생긴 원발성 종양으로 폐암 1기쯤으로 판정되며, 수술 예후가 좋아 폐암에 대해서는 별도로 항암치료가 필요 없다'는 흉부외과 의사의 희망적인 말을 들었다.

직장암을 다루는 외과에서도 긍정적 반응이 나왔다.

폐암은 전이된 것이 아니며 직장암도 3기 정도로 생각된다고 했다. 그래서 직장암은 우선 외래로 방사선 치료를 하면서 그 결과를 지켜본 후 수술 날짜를 잡기로 했다.

'5% 정도지만 수술 없이 방사선 치료만으로도 암 종이 없어진 경우가 있다'고 외과의사도 희망적인 덕담을 아내에게 해주었다. 그날 지하 2층의 방사선 종양학과에서 담당 교수와 간호사에게 앞으로의 치료계획을 상세히 들었다.

방사선 치료는 모두 28회에 걸쳐 시행되며, 치료개시 4시간 전엔 일체 음식을 먹어서는 안 되며, 최소한 2시간 전부터는 소변도 참아야 하는 게 철칙이란다. 치료 준비를 위해 오전 일찍 방사선 종양학과에서 CT 촬영을 마치고 채혈실의 피검사를 거쳐 영상의학과에서 엑스레이 촬영도 했다.

오전 5시부터 공복 상태를 유지하고 소변은 7시 반 이후부터 참아야 했다. 아내는 항문 쪽의 통증으로 걸음도 제대로 못 걸었다. 집에서도 왔다 갔다 하는 게 고통스러워 보였다. 방사선 치료를 시작하면 항문 통증보다도 더 견디기 어려운 고통이 있다는데 잘 견뎌줄지 걱정이다.

고통스런 28회의 방사선 치료를 마치고

방사선 치료 첫날이 돌아왔다. 이제부터 토요일과 일요일, 그리고 공휴일을 제외하고는 매일 오전 9시에 28회의 방사선 치료를 받게 되며 항암제도 5알씩 매일 아침저녁 식후에 복용해야 한다.

검사 4시간 전에 식사를 마치고, 2시간 전엔 소변도 금하는 지침을 지키며 아침 5시에 식사를 간단히 마치고 항암제를 복용케 했다.

언제나 아내의 순서가 제일 앞이며 치료 시간은 불과 10분 정도였다. 방사선 치료 기간 중 아내의 대장내시경 검사일이 도래했다. 대장내시경 검사를 위한 약물 복용의 역겨움과 거듭되는 방사선 치료로 아내의 건강 상태는 어지럼증과 기력 쇠진을 동반하며 초췌하게 변해갔다.

대장 검사에서는 새로 용종(茸腫) 2개를 제거했단다. 방사선 치료와 항암제 복용 기간 중엔 입안이 헐고 식욕도 없어 음식을 제대로 못 먹을 거라 해서 걱정했는데 초기라 그런지 식사는 거르지 않았다.

방사선 치료와 항암제 복용 5일째부터 아내는 항문이 아파 정말로 걸음을 제대로 못 걸었다. 아내가 통증을 호소하자 의사는 면담을 마친 후 마약인 통증 완화제를 처방해 주고 방사선 쪼인 자리가 짓무를 수 있다며 바르는 연고를 처방했는데 연고는 비급여라서 한 개에 10만 원이나 했다.

방사선 치료 횟수가 늘어나면서 아내의 걸음걸이가 거의 정상을 회복하며 통증도 줄어들었다. 이제 아내도 나도 조금 평정심을 찾아갔다. 그러나 그동안 음식을 억지로라도 잘 먹던 아내는 방사선 치료 17회부터는 토할 것 같다며 먹는 걸 고통스러워했다.

거기다 항문 주위의 허물이 벗겨지려 해 쓰라려 걸음도 제대로 못 걷고 통증을 호소하기 시작했다. 전에는 항문 안쪽의 통증을 호소하더니 이때부터는 항문 바깥쪽 통증을 호소하기 시작했다.

드디어 아내의 방사선 치료는 28회로 모두 끝났다. 이제부터는 매일매일 병원을 찾지 않아도 돼 심적 부담이 덜어졌다. 악성종양이 발생해 일상의 생활 리듬이 깨진 지 4개월 만이다. 다만 치료가 계속되면서 직장 안쪽의 통증은 사라지고 대변 시에만 농액이 묻어나오는 정도였으나 치료가 끝나고도 방사선이 투과된 항문 주변이 헐어 연고를 바르는데도 통증이 계속돼 고통 호소가 이만저만이 아니었다. 손톱과 발톱이 까맣게 변했고 설사도 잦아 평균 1시간에 한 번씩 화장실을 드나들었다.

"아이구! 아이구!" 하는 소리를 입에 달고 쓰라림을 호소하니 곁에서 듣기가 참으로 애처롭다. 방사선이 얼마나 해로운지 짐작이 갔다. 병원에서 처방해 준 바르는 연고는 3종류나 되었다. 한 달 전 처방해 준 스트라타 xrt는 저녁에 자기 전 바르고, 얼마 전 처방해 준 에스로반 연고는 조석으로 2회 바르고, 또 이지에프 연고는 아침 점심 저녁으로 3번 나누어 바른다.

의사의 말로는 방사선 치료가 끝난 후 통증이 더 심하다고 하더니 그 말이 실감 났다. 직장암 담당 교수와 면담하니 몇 주간 지켜보자며 피부 연고만 처방해 주었다. 아내의 항문 주변 통증은 점점 더 심했다. 대소변 볼 때는 물론이고 걸음걸이마다 통증이 수반돼 얼굴을 찌푸린다.

한 달쯤 지난 후 아내의 설사가 처음으로 멎었다. 피부연고를 열심히 바른 때문이겠지만 대소변 시 '아이구!' 소리가 점차 줄어들었다. 이제 힘든 모습이지만 밥도 짓고 반찬도 해놓기에 이르렀다.
그러나 병원에서 처방해 준 진통제가 소진되자 아내의 통증 호소가 다시 시작됐다. 잔기침도 종일 계속됐다. 폐암 수술 후의 기침이라 겁이 났다. 일요일이라 우선 약방에서 기침약을 사 복용해 보았으나 차도가 없었다.

며칠 후 보라매병원 흉부외과 교수와 면담이 있었다. 면담 전 실시한 검사 결과는 양호하며 기침 나오는 건 정상이므로 걱정 안 해도 된다고 안심시켜 주었다. 다만 빈혈이 심하다며 빈혈약 30일분을 처방해 주었다.

'직장에 생긴 종양의 크기는 현저히 줄었으나 완전히 없어지지 않아 수술은 해야 한다. 앞으로 1주일만 더 지켜보자'고 대장암 치료 교수가 외래진료 시에 말했다.

배에 장루(腸瘻)를 매달고 살다

　항암치료와 방사선 치료를 28회까지 모두 마쳤으나 그 후 1개월이 지나도록 아내의 항문 주변은 피부가 헐어 통증 호소가 이만저만이 아니었으며, 통증이 좀 줄어드니 이번엔 가려움증이 계속돼 견디기 어려워하고 있다. 통증과 가려움증으로 신음하면서도 아내는 노인들을 상대로 정신을 홀리는 약장사를 계속 따라다녔다. 집에만 누워 지내는 것 보다 갈 곳이 있다는 게 다행스러워 나는 그저 지켜만 보고 있을 따름이다.

　직장암 수술 후 재발해 2년 만에 사망했다는 사례를 들며 지인들의 근심 섞인 전화가 아내의 직장암 수술을 며칠 앞두고 두어 곳에서 왔다. 혹시 나에게도 그런 상황이 도래할까 봐 가슴이 철렁했다.
　통증을 호소하던 아내의 신음은 시간이 흐르면서 차츰 줄어들었다. 수술 여부를 확정 짓기 위한 MRI와 CT 촬영 결과는 종양의 크기가 많이 줄었으나 수술이 불가피하다는 결론이었다.

수술 전 단계로 피검사와 심장초음파검사 그리고 코로나 검사를 받은 후 아내는 보라매병원 암센터의 5인실에 입원 후 4시간에 걸친 수술을 받았다. 이제부터 아내가 그렇게 거부반응을 보이던 인공항문인 장루(腸瘻)를 달고 살게 된 것이다. 수술 다음 날부터 기저귀와 물티슈 등이 매일 1개씩 소모돼 3일에 한 번씩 병실로 날라다 주었다. 수술 후 통증이 심해 견디기 어렵다는 아내의 호소 전화가 거의 5일이 지나도록 10분마다 날아들었다.

아내의 신음과 자책감이 범벅이 된 울음소리가 수화기로 들려올 때마다 내 가슴도 한없이 무너져 내려갔다. 아내의 장루(腸瘻)를 1주일마다 교체해야 하므로 입원 중인 병실에 가서 내가 자세한 교육을 받았다.

이틀 후면 퇴원할 수 있다던 주치의의 장담과 달리 수술 후 변이 새나와 다시 응급수술을 해야 한다는 아내의 볼멘소리가 들려왔다. 수술 후 죽을 먹으며 회복기로 들어가는가 보다 했는데 날벼락이다. 퇴원 예정일에 퇴원 대신 다시 혹독한 재수술을 위한 금식이 시작됐다.
며칠 지켜보던 담당 교수가 내게 전화로 수술이 아니라 시술이라며 변명하고 다시 CT 촬영을 했다.

"왜 이런 병이 내게 생겼느냐?"

아내는 다시 울음을 터뜨렸다. 수술 자리에서 항문 쪽으로 분비물이 고여 간단한 시술 후 곧 퇴원할 수 있다던 담당 교수는 이번엔 침묵으로 일관했고, 아내는 기본 수술 때보다도 오히려 병실에 대기하는 기간이 한참 더 길어지고 있었다.

처음에 8일이면 퇴원할 수 있다더니 시술이란 명목으로 2주를 끌었다. 그리고 이젠 왜 이렇게 오래 끄는지 그 이유조차 설명을 안 했다. 담당 교수나 주치의와 연결하라 해도 '그러겠습니다' 하고 대답할 뿐 약속을 안 지켰다.

혹 의료사고라도 난 건 아닌지 걱정이 앞섰다. 아내가 입원 중 갑상선 조직검사도 다시 받았다. 한 달 전 검사를 했을 때 피가 조금밖에 안 나와 암 인지 여부를 알 수 없었다며 다시 한 것이다. 병원에 연락해 보니 입원실의 아내는 통증도 사라지고 밥도 잘 먹는다는 간호사의 답변이 있었다.

퇴원할 날만 손꼽아 기다리던 아내에게서 또 불길한 소식이 왔다. 항문이 부어오르고 진물이 계속 나와 오후 4시 CT 촬영 후 다음 날 재수술로 봉합하기로 했다는 것이다. 그런데 다음 날엔 봉합수술 대신 2주 전 시행했던 바와 꼭 같이 엉덩이와 회음부에 관을 삽입해 물을 빼는 시술로 변경했다. 환자가 고령이라 건강 상태를 참작해 이번에도 비수술적 요법을 썼단다.

지친 아내의 울먹이는 소리가 핸드폰으로 내 귓전을 때리면서 나도 설움이 복받쳐 간신히 울음을 삼켰다. 순간적으로 병원을 잘못 선택했다는 후회감이 밀려들었다. 담당 교수는 무뚝뚝하고 간호사는 고압적이며 불친절했다. 친절한 말 한마디가 병을 치료하는 데 심리적으로 상당한 도움을 줄 텐데 이곳 의사와 간호사들은 정말 외계인 같다는 생각이 들었다.

저녁이 되니 잠잠하던 아내의 전화가 빗발쳤다.
"점점 더 아파 차라리 집에서 죽을 테니 빨리 퇴원 수속하라!"
간호사에게 전화하자 진통제를 놓아주겠다며 냉정히 금방 끊어버렸다. 내가 병원 측에 주치의와 연결해 달라고 수차 전화한 끝에야 주치의란 여의사가 마지못해 전화를 해왔다.

아내의 항문 안쪽에서 농이 계속 나와 하루 3회 소독을 하고 있으며 항생제는 내성이 생겨 내일부터 중단한다고 했다. 그리고 점차 호전되고 있어 하루에 소독을 한 번만 할 정도면 퇴원시키겠다 했다. 퇴원 얘기가 나오자마자 아내의 기분은 붕 떠서 10분에 한 번꼴로 전화를 해왔다.

며칠 전 병원 측이 너무 불친절해 보건소에 민원을 넣었더니 조금은 친절해졌다. 주치의가 처음으로 자진해서 전화했다. 보건소에 민원을 넣은 덕분이라 생각된다. 항문에서 농이 계속돼 퇴원은 다음 주 이후에나 가능하겠단다.

병원 측에서는 나를 진상으로 여길지 모르겠지만 퇴원은 차일피일 지연됐고 입원비는 날로 늘어나 국가권익위원회에 전자민원을 또 띄웠다.

아내가 꿈에 거북을 봤다며 전화했다. 길몽인 듯하다. 이번 주면 드디어 퇴원 소식이 오려나! 아내가 입원 중인데 어머님 제삿날이 돌아왔다. 집에 우환이 있으면 제사를 생략하는 게 일반적 풍습이다. 사실 이번엔 제사를 안 지내려고 했으나 아내의 쾌유를 빌어주기 위해 자녀들과 함께 정성껏 제사를 지냈다.

다음 주면 행여 퇴원 소식이 올까! 노심초사 기다리던 중 아내가 다시 볼멘소리로 전화했다.

"또 수술한대!"

조금 후 주치의도 전화했다. 민원 덕분인지 주치의가 고분고분했다.

"항문 가까운 곳에서 계속 물이 새어 나와 다음날 8시 또 시술합니다."

벌써 시술만 3회째다. 한번 시술하면 또 2주를 지켜봐야 한다. 입원 37일째 날, 아내가 오전에 다시 관 삽입 시술을 받았다. 그러는 사이 아내가 기다림에 지쳐 새로운 병을 얻을까 봐 걱정되었다. 시술 후 입맛이 없다는 아내의 말에 베지밀 1박스를 병실로 보냈다.

이날 병원을 상대로 제기한 나의 민원에 병원 측이 서면 답을 해왔다. 불친절과 고압적 자세를 사과하면서 합병증이 발생해 이번 주에도 차도가 없으면 다음 주에는 생활이 편한 수술용 침대로 바꿔 주겠다는 선심성 답변이었다.

아내는 식사 때마다 전화를 걸어왔다. 이번 시술 후 입맛이 없어 병원 밥을 30% 정도만 간신히 먹는단다. 그제 시술한 이후 생긴 현상이다. 종일 일손이 잡히지 않았다.

"집에서 소독해줄 사람이 있어요?"

다음 날 진료 담당 교수가 아내에게 물으며 퇴원 의사를 비쳤단다. 아내는 고무되어 언제 퇴원하느냐고 보챘지만, 회음부에서 계속 물이 스며 나오니 퇴원한들 어쩌랴! 입원 42일째 되는 날 집 근처 요양보호사 양성학원에 55만 원을 주고 등록했다. 아내를 위해 재가 요양보호사로 마지막 봉사를 하기 위해서다.

그런데 다음날 또 아내로부터 배가 빵빵하게 부어오르는 느낌이라며 걱정스레 전화가 왔다. 주치의가 엑스레이를 배와 등 쪽에 찍어보더니 별 이상은 아니고 계속 누워지내서 가스가 찼다며 운동 부족으로 인한 것이라며 안심을 시켜주었다.

입원 47일 만에 드디어 다음날 퇴원해도 좋다는 연락이 왔다. 입원 중에도 회음부에 하루 2회씩 간호사가 소독하고 있었는데 집에서 내가 잘할 수 있을지 걱정이다. 마침내 입원 48일 만에 아내가 퇴원했다.

매일 볼멘 전화 소리만 듣다가 불편한 몸이지만 한 집안에 얼굴을 대하고 있으니 많은 위안이 됐다. 춘천에서 아들과 며느리가 아내를 위해 닭죽을 꽤 많이 쑤어왔다. 퇴원 후 의사의 지시에 따라 매일 밤 10시에 엉덩이와 회음부에 연결된 좁은 관을 통하여 피 주머니에 고이는 혈액량을 기록하기 시작했다. 이웃과 처제가 오늘도 반찬을 꽤 많이 해왔다. 사람 사는 기분이 들었다. 회음부 소독을 2일에 한 번씩 계속하자 피 주머니에 고인 혈액량이 눈에 띄게 줄었다. 희망적이었다.

며칠 후 외래진료를 받는 날, 병원에서 아내의 회음부와 엉덩이에 소독을 깨끗이 해주었다. 회음부에 꽂혔던 관은 며칠 전 집에서 저절로 빠져나가 엉덩이에 꽂힌 관만 유지한 채 귀가했다. 5일 후 다시 외래진료를 받았다.

피검사를 마치고 방사선 종양학과 교수를 만나보니 상태가 좋아졌다며 앞으로 방사선 종양학과는 안 와도 좋단 말을 들었다.
방사선 치료를 마친 후 외과 교수는 아내의 회음부 실밥을 다 뽑아내고 엉덩이에 꽂혀있던 호스까지 빼주었다. 그동안 몸에 달고 살던

피 주머니가 사라지니 아내의 마음도 퍽 홀가분해 보였다.

다음 날 흉부외과 교수 면담 때도 7개월 전에 한 폐암 수술 경과가 그날까지는 양호하다며 6개월 후에나 오라 했다. 아내의 얼굴도 밝았다. 이제 서서히 긴긴 터널을 빠져나가고 있다. 또 다음 날 외과에서 엉덩이의 붕대도 모두 떼어내 주었다. 이제 아내의 몸엔 장루(腸瘻) 하나만 붙어 있다. 3일 후 춘천 사는 아들 내외가 영양 닭죽을 또 잔뜩 만들어 냉장고에 넣고 갔다. 오류동 사는 처제도 여러 가지 반찬을 해왔다.

이제까지 누워만 지내던 아내가 조금씩 움직이며 집안일을 시작했다. 다음 날 다시 보라매병원에서 피검사와 CT 촬영을 했다. 결과가 나오자 그동안 무뚝뚝하고 말이 없던 교수가 모든 것이 좋아지고 있다며 모처럼 확신을 심어주었다. 다만 아내가 수술 후 소변을 참지 못하고 지리는 증상이 생겼다고 말하자 담당 교수는 친절히 비뇨기과 예약을 잡아주었다.

외과는 이제 6주 후나 오라며 외래진료 일자를 멀찌감치 잡아주었다. 6주 후에 가면 그다음 진료일은 아마도 3개월 후나 6개월 후가 될 듯하다. 그동안 입원 기간이 길어지고 합병증까지 생긴 점을 지적하고 의료진을 원망하며 불신했던 일이 머쓱해졌다.

다음 주 비뇨기과에서 치료를 위한 문진과 소변검사를 받았다.

의료진이 3일간 소변량과 소변 시간을 집에서 기록하라며 계량컵을 내주었다. 10일 후 비뇨기과를 방문하면 소변검사 결과와 소변량 기록지를 보고 약을 처방해 주겠단다.

지난해 12월 하순에 발병하여 8개월간 고된 항암치료와 두 차례의 수술을 거쳐 이제 모든 것이 정상으로 향하고 있었다. 아내는 이날부터 매일 밖으로 나가 몇 시간씩 친구도 만나고 시장도 다녔다. 집에서는 음식도 조리하고 세탁기도 돌리며 밝은 얼굴을 하고 있다.

영양식을 하니 그렇게 비쩍 말라 애처롭게 보이던 얼굴에도 핏기가 보이기 시작했다. 이제 폐암과 직장암의 긴긴 터널을 빠져나가는 중이다.

그러나 2년 후 재발률이 40%나 된다니 걱정이 됐다. 제발 5년간 재발이 안 되게 해달라고 기도해 본다. 아내는 이날도 멀리 오산 장을 보러 간다며 손수레를 끌고 전철역으로 향했다. 다음 날은 조계사도 갈 계획이란다.

명절날이나 제삿날에 제사를 이제 그만하리라 맘먹었는데 발병하기 전의 상태로 회복돼서 모든 걸 정상화해야겠다.

유방암과의 사투

아내는 직장암 수술 후 긴긴 후유증을 거쳐 퇴원 후 4개월간 새 삶을 사는 듯 즐거워 보였다. 나도 노년을 맞아 아내의 건강을 돌볼 심산으로 요양보호사 교육원에 등록해 3개월간 열심히 공부해 요양보호사 자격증을 취득했다. 아내의 투병으로 1년간 쉬던 아파트 관리소장직도 1년 만에 복직이 돼 나 대신 요양보호사가 매일 3시간씩 아내를 돌보아 주고 있다.

그런데 4개월 후 아내의 유방에 단단한 것이 손에 잡혔다. 겁이 덜컥 났다. 보라매병원 외래가 잡힌 날 직장암 예후를 검진받고 유방암센터를 방문해보니 의사가 촉진만으로도 80% 유방암이란 판정을 내렸다. 조직검사 후 검사 결과가 바로 나왔는데 아내는 유방암이 확실했다. 아아! 아내가 불쌍하다. 1년 전 폐암 수술을 받고, 6개월 전 직장암 수술 후 후유증으로 48일이나 병원 생활을 했는데 다시 또 유방암이라니!

설 지난 다음 날 코로나 검사받고 입원 후 수술받기로 했다. 수술 결과가 좋으면 1주일 안에 퇴원이 가능하단다. 이제 다시 유방암과의 싸움이 시작되었다. 아내도 두 번의 암 수술을 받은 터라 그다지 당황하거나 두려워하는 기색은 없었다. 그러나 속으로는 얼마나 심란했을까?

참으로 암세포란 놈은 끈질기다. 그러나 이번에도 이를 악물고 암세포와 싸워 이겨야 한다. 나도 다시 한 번 굳게 버티기로 다짐해 본다.

2023년 설 연휴가 시작됐다. 이번 설은 아내의 수술도 있고 마음이 어수선해 차례를 생략하기로 했다. 자식들은 차례를 안 지낸다니 은근히 좋아하는 눈치다. 대신 설 전야에 애들이 모두 모여 저녁 먹고 늦도록 놀다 갔다.

설 연휴가 끝나고 바로 아내의 입원 절차가 진행됐다. 그제 받은 코로나 검사는 아내도 나도 모두 음성으로 나왔다. 실제 수술은 모레인데 이틀 전 입원하란 걸 보면 수술 전 검사가 꽤 여러 개인 모양이다. 아내가 없으니 세탁, 쓰레기처리, 식사 준비 등으로 저녁 시간이 금방 가버렸다.

수술 날이 됐다. 오전 10시 반 아내의 수술이 시작된다는 병원 측의 메시지가 떴다. 전날은 수술 전 CT와 MRI, 뼈 스캔 등 여러 가지 검사를 받았다. 수술이 끝나고 담당 교수가 전화를 주었다.

전날 검사 결과 유방에서 폐와 임파선으로 전이가 된 것이 거의 확실하단다. 작년 이맘때 폐암 부위를 3cm나 도려냈고 수술이 잘 됐다고 해서 안심했었는데 수술받은 폐 주변에 다시 몇 군데 종양이 발견된다니 정말 우울했다. 더구나 임파선에도 전이가 됐다니….

수술 직후 아내의 주치의와 통화가 됐다. 유방암 수술은 잘 됐는데 두 가지 검사를 더 한 후에 토요일 퇴원 예정이란다. 아내는 직장암 수술 때 후유증이 생겨 48일이나 병상에 있어서인지 이번엔 불과 10일이 지났는데도 병상이 지겹다며 빨리 퇴원하고 싶다고 성화다.

2월 4일 입춘 날 아침, 입원 11일 만에 퇴원했다. 수술하고 힘든데 아내는 요양보호사를 다음 날부터 그만두게 했다.

퇴원 이틀 후부터 연 3일간 보라매병원 외래가 예약돼 있었다.
먼저 흉부외과와 갑상선 센터를 방문했다. 내가 바빠 딸 내외와 손자가 열심히 아내를 따라 병원을 왕래했다. 갑상선은 아직 암으로 악화되지 않았다며 1년 후 내원하라는 통보가 있었지만 흉부외과에서는 혈액종양내과와 협진하면서 3개월 후에 다시 보자고 했다. 유방암센터에서는 수술 부위 염증 예방을 위해 7일분의 항생제 처방만 해주고 1주일 후 다시 내원하라고 했다.

다음 날 드디어 항암치료의 주도권을 쥔 혈액종양내과를 방문했다. 여기서도 치료를 위해 흉부 CT 검사와 혈액검사를 했으며 그 날 아침과 저녁 부작용을 줄여주는 복용 약을 처방해 주었다. 이제부터는 3주에 한 번씩 4시간에 걸친 항암주사를 계속 맞게 된다고 했다.

너무 병원 가는 날이 불규칙적으로 잦아 달력에 표시하지 않으면 안 된다. 암세포와의 싸움, 이제 수술로 치료하던 1차 관문은 넘었는데 부단히 전이가 이루어지는 2단계로 진입해 전신 항암치료의 긴긴 수렁으로 빠져들었다. 항암주사 후에는 부작용으로 면역력이 떨어지고 입맛도 없어 견디기 어렵다는데 연로한 아내가 잘 견뎌줄지 걱정이다. 4일 후부터 시작하는 항암주사 치료를 위해 보라매병원 영상의학과에서 아내의 CT 촬영이 있었다.

내가 바빠 딸 둘이 제 엄마를 모시고 병원에 다녀왔다. 그런데 아내가 전날부터 기침이 심해 집 근처 약방에서 감기약을 복용했지만 차도가 없었다. 아내의 기침은 계속 이어졌다. 아내는 병원을 가보라 해도 접근이 쉬운 약방에서 감기약만 사 먹고 말았다.

이틀 후 결국 병원에 갔더니 코로나 감염 진단이 내려졌다. 코로나 예방접종을 5회나 맞았는데 감염된 것이다. 그 덕인지 열도 없고 기침도 그렇게 심하지는 않았다. 다만 폐에 종양이 생겼다니 기침하는 게 예사

롭지 않았던 것이다. 보건소에서 2월 말까지 자가격리 하라는 문자가 전송됐다. 이미 예정됐던 첫 번째 항암주사는 보름 후로 연기됐다.

피검사 후 유방암 센터로 가니 의사는 수술한 자리가 불그스레하게 돋은 것이 잔여 암종(癌腫)이라며 나이 때문에 수술하지 못하고 항암주사로 치료할 계획이란 설명을 해주었다. 코로나 격리 기간이 끝나고 요양보호사가 다시 오기 시작했다. 처음엔 요양보호사 오는 걸 못마땅해하더니 요즘은 오히려 고맙게 생각한다.

전신 항암치료

드디어 아내의 1차 항암주사 날이 돌아왔다. 병원에서 처방해준 한 움큼의 알약을 전날 아침저녁으로 입에 털어 넣고 오전 10시부터 오후 3시까지 중간에 1시간 쉬고 무려 4시간 동안 주사를 맞았다.

항암주사 후 이틀간은 평소보다 오히려 밥도 잘 먹고 바깥출입도 잘하더니 3일째부터는 어지러움을 호소하며 종일 침대에 누워 지냈다.

5일째 되는 날엔 저녁 식사 후 구토를 심하게 했다. 요플레를 먹이며 간신히 속을 달래주었다. 다음 날엔 심장초음파 검사가 예약돼 있다. 이날 아내가 밤새 기침을 너무 심하게 하더니 안색이 안 좋다.

의사가 한약은 먹지 말라며 경고했으나 배와 생강, 도라지, 대추 등 집에 있던 민간 약재를 솥에 넣고 끓여 마시게 했더니 뜻밖에 기침이 멎었다.

다음 날은 아내의 2차 항암주사 날이다. 아내는 혈액검사를 받고 병원의 처방 약 한 움큼을 아침저녁 두 번에 나누어 복용했다. 이날 아침 머리 감을 때 아내의 머리카락이 무더기로 빠지기 시작하며 아내가 스트레스를 받기 시작했다.

이번에도 항암주사 후 이틀간은 건강해 보이더니 3일째부터 어지럼증을 호소하며 침대에만 누워 지냈다.

아내의 3차 항암주사 날이다. 항상 그랬듯이 하루 전날 피검사를 받고 당일 아침과 저녁으로 병원에서 준 한 움큼의 알약을 복용했다.

주사는 어김없이 4시간이 소요됐다. 아침에는 출근하면서 내가 함께 하고 주사가 종료될 때쯤이면 큰딸 내외가 모셔갔다. 다음 날도 복부 CT 촬영과 피검사를 했다. 피검사는 왜 그리 자주 하며 CT 촬영도 왜 그리 자주 하는지…?

항암주사 후 3일부터 5일 사이에 후유증이 가장 심하게 나타났다. 2차까지는 힘들어도 그런대로 버티더니 3차 때는 정말 힘들어했다. 어지럼증에 복통까지 호소했다.

전에는 복통은 없었는데 옆에서 신음소리를 듣고 있자니 맘이 너무 괴롭다. 복통은 며칠간 계속되고 매일 밤 뜬눈으로 지새웠다. 이번 복통은 7일간이나 계속됐다. 출근하면서 잠든 아내가 깰까 봐 조심조심 집을 나왔는데 퇴근한 후의 아내 모습은 예상외로 나빠져 있었다. 갑자기 걸음을 못 걷고 왼쪽 옆구리 뒤쪽 갈비 부분에 심한 통증이 온다고 만지지도 못하게 하며 신음하기 시작했다.

 이러다 인생 종말이 오는 건 아닌지 불길한 예감이 스쳐 갔다. 다음 날 아침 아내의 근황을 보니 상황은 점점 안 좋아졌다. 화장실 간다 해 부추기려 했으나 아프다고 소리를 질렀다. 겁이 나 119를 불렀다. 10여 분 만에 119에서 3명이 나와 아내를 들것에 옮겨 싣고 보라매병원 응급실로 향했다.

 엑스레이 등 몇 가지 검사를 해보더니 무릎관절에 염증이 심하단다. 저녁에 일반병실로 옮겼다. 아내는 응급실로 실려간 지 6일 만에 퇴원했다. 수술한 것도 아니고 병실에서 항생제만 맞고 나왔기 때문에 입원비는 그리 많지 않았다.

 얼마 후 4차 항암주사를 맞았는데 항암주사 3일째부터 또 어지럽고 복통이 온다며 잠을 못 이루었다. 후유증은 3일 째부터 7일째까지가 가장 견디기 힘든 것 같았다. 통증은 백혈구가 암세포의 공격을 받으며 생긴다는데 왜 하필 배에서 전쟁이 벌어지는지 모르겠다. 4차 항암주사 후 7일째 날 아내의 복통이 극심하게 나타나며 밤새 잠을 못 이루었다. 이번 통증은 낮에도 계속됐다.

 수술한 유방의 오른쪽 팔은 손목까지 퉁퉁 부어올라 걱정스러울 정도다. 유방암센터의 조언대로 압박붕대를 하고 틈나는 대로 마사지를 해주었다.

  홍삼 즙이 도움이 될까 해서 1박스 주문해 먹이기 시작했는데 먹고 나자 배가 요동치며 아프다고 소리를 질렀다. 낮에 좀 잠잠하던 아내의 복통은 점점 심해져 저녁 식사도 못하고 신음해 밤 10시에 보라매병원 응급실로 다시 갔다. 엑스레이와 피검사 소변검사를 마치고 입원하라는 진단이 내려 바로 입원수속을 밟았다

  아내는 응급실에서도 배가 살살 아프다 했지만 병원에서는 별다른 설명도 없이 입원 다음 날 아내를 바로 퇴원시켰다. 그러나 퇴원 당일 밤이 되자 아내의 복통은 칼로 도려내는 것처럼 다시 시작됐다. 자정이 넘어 다시 보라매병원 응급실에 3번째로 입원했다.
  이번엔 3일 만에 아내의 통증이 좀 가라앉았다며 퇴원하라는 연락이 왔다. 아내에게 탈장 증세가 있지만 진물이 안 나와 위험한 상태는 아니라는 것이었다. 병원에서 진통제를 한 움큼 처방해 주었다.

  며칠 후 다시 5차 항암주사를 맞았다. 이틀 후 아내의 복통은 다시 시작됐다. 병원에서는 검사 결과 이상이 없다는 데 도대체 왜 이럴까? 병원에서 처방해 준 약을 이틀간 계속 복용하며 심한 통증을 가라앉혔다. 진통제를 복용하며 며칠간 조용하던 아내는 새벽에 배를 움켜잡고 다시 통증을 호소하기 시작했다.

식욕이 없어 아무것도 못 먹고 메스꺼워 토하기까지 했다. 아내의 눈이 쑥 들어가고 야위어 볼 수가 없다.

다음 날엔 아내가 아침에 먹은 것을 홀딱 토해버리더니 저녁에도 모두 토해냈다. 그다음 날도 아침에 먹은 것을 모두 토했다. 바나나도 먹여보고 베지밀이 입에 당긴다 해서 먹게 했더니 아내의 정신이 조금 돌아왔다. 암 환자는 암으로 죽는 게 아니고 영양실조로 죽는다더니 그 말이 실감 났다.

아침 운동을 하고 오니 아내가 구토를 한 후 기운이 탈진해 있었다. 화장실 가다가 쓰러져 뇌진탕이 될 뻔했단다. 아내는 전날부터 종일 침대에만 누워있고 눈이 쑥 들어가 보기 민망할 정도로 야위었다.

다음 날 출근하면서 동네 병원에 9만 원 주고 아미노산 영양제를 맞게 했다. 퇴근해 보니 아내는 영양제가 투입됐는데도 복통을 호소하며 밤새 신음했다. 나도 밤을 함께 지새웠다. 그다음 날도 아내의 신음소리가 내 심장을 꿰뚫는 듯했다. 아침에 베지밀이 먹고 싶다 해 인근 가게에서 사다 먹였으나 바로 다 토해 버렸다.

장루 청소도 내가 해주고 머리맡에 과일, 약, 바나나, 베지밀을 놓고 출근하면서 미덥지 않아 둘째 딸한테 방문 해보라 했더니 장루가 터져 요와 내의가 모두 똥 천지가 됐단다. 아내의 상태가 너무 심각해 119

를 불렀으나 의식이 있다며 그냥 돌아가 사설 119를 불러 보라매병원 응급실로 옮겼다. 이번이 벌써 4번째이다. 두 딸도 허둥지둥 달려와 아내 곁을 지켰다.

마침 소화기 내과에 예약이 돼 가보니 이상 없다며 응급실로 안내했다. 응급실에서는 나토리움 수치와 칼륨 수치가 뚝 떨어지고 혈압도 현저히 떨어져 있으며 급성신부전증이 나타났다며 중환자실로 옮겼다. 자정이 넘도록 혈액검사를 계속했지만 상태가 안 좋았다. 나도 응급실에서 밤을 새웠다. 다음 날 새벽 4시에 혈액검사결과가 정상으로 돌아왔다며 일반병실로 안내했다.

간호간병 통합서비스병동이라 보호자는 상주할 수 없어 아내만 두고 나왔는데 밤 11시 30분 병원에서 보호자를 찾는 전화가 왔다. 급성 신부전증 치료를 위해 소변 줄을 끼워놨는데 아내가 자꾸 빼내고 있으며 못 하게 하면 간호사한테 욕까지 해서 할 수 없이 아내의 팔을 묶어놓았는데 소리를 지르고 야단이니 보호자가 빨리 와야 한다는 것이다.

택시를 타고 긴급히 가보니 아내의 병상은 병실에서 간호사실 옆 공간으로 옮겨졌고 진정제를 세게 놓아 아내는 잠에 취해 있었다. 나는 병원이 제공한 간이침대에서 아내를 돌보며 주말을 보냈다.

병원 측에서는 아내에게 섬망(譫妄) 증세가 나타났다며 정신과 의사도 다녀갔다. 그러나 내가 곁에 있는 동안은 전혀 그런 기색이 보이지 않았다. 월요일 회진 의사에게 문의하니 아내의 급성신부전증은 소변이 제대로 배출돼 별문제는 없을 것 같으나 잘못되면 투석을 할 수도 있다고 했다.

그동안 아내의 병세가 호전돼 응급실에 실려간 지 6일 만에 퇴원했다. 퇴원 후 아내는 어지럽다고 하면서도 평소에 하던 대로 외출을 하다가 길가에 눕기도 하고 넘어져 얼굴이 까이기도 했다. 그런대로 잘 돌아다니던 아내가 일주일이 지나자 힘들다며 종일 누워만 지냈다. 이때부터 아내는 입맛이 없다며 아무것도 먹으려 하지 않았다. 밥과 고기와 계란 등을 억지로 아내에게 먹이고 출근하며 동태를 살폈다.

항암치료 후 반복되는 통증과 응급실행

아내는 한여름인데도 춥다고 호소해 체온을 재보면 37.6도로 오히려 열이 있었다. 유방암 수술 후 부어오른 우측 팔은 내가 계속 마사지를 해주었다. 아내의 상태는 하루하루 점점 더 나빠져 미쳐 변기에 앉기도 전에 소변이 새어 나와 옷을 다 적시기 일쑤였다. 맏딸이 감자탕을 사 왔지만 식욕이 없다고 손사레를 쳤다.

암 투병 4년 차인 선배의 말을 빌리면 2년 차 지날 때 너무 고통스러워 가족 몰래 자살하려는 시도도 했다 한다. 아내는 그때까지 항암치료 시작한 지 2년이 채 안 됐는데 이 단계에서 아내의 항암치료를 계속하며 고통을 감수할 것인지 아니면 중단하고 여생을 편한 마음으로 살다 가게 해야 할지 갈등이 된다.

아내의 대장내시경 검사일이 또 돌아와 하루 전부터 굶으며 장 세척제를 복용 후 대장 내시경 검사를 받았다. 그리고 다음 날은 신장내과 진료를 받고, 이어서 혈액종양내과에서 4시간 걸려 6차 항암주사도 맞았다.

신장내과에서는 식사 대용품 N카버 1개월분을 처방해 주었다. 식사를 못 할 때 대신 복용할 수 있는 간식이다. 6차 항암주사 후에도 아내는 여지없이 어지럼증을 호소하더니 복통에다 먹지도 못하며 토하기까지 했다. 저녁 8시경 다시 보라매 응급실로 향했다. 이번이 5번째이다.

피검사와 CT 촬영결과 적혈구 수치가 줄어들고 백혈구도 1만 개가 정상인데 1,600개로 줄어 생명이 위독하단다. 거기다 코로나 검사 결과 양성이란다. 긴급 수혈이 시작되고 나도 응급실에서 밤을 꼬박 새웠다. 새벽 5시 반 음압병실로 옮겼다. 2인실인데 외부와 격리되어 출입이 금지되었다.

병원에서는 보호자가 상주할 수 없으면 간병인을 쓰라고 했다. 내가 회사 일이 바빠 상주할 수 없어 가까스로 간병인을 구해놓고 병원을 빠져나왔다. 간신히 구한 간병인한테 전화가 왔다. 아내가 의심증과 치매 기도 있고 더구나 코로나 환자인 줄 모르고 왔다며, 하루 14만 원에 계약했는데 20만 원을 달라며 그만두겠단다.

할 수 없이 사무실에 양해를 구하고 일찍 퇴근해 내가 하룻밤을 새왔다. 다음 날엔 사무실에 일이 있어 큰딸과 교대했다. 그리고 그다음 날 금요일엔 내가 다시 교대해 주말을 버텼다.

입원 8일째. 코로나 격리 기간이 끝났다며 간호사가 일반병실로 아내를 옮겨주었다. 이 병실은 간호간병 통합서비스라 보호자가 상주할 필요가 없어 아내만 남겨두고 오랜만에 집에 와서 잠을 잤다.

열흘 만에 아내가 퇴원했다. 아내는 마치 남의 집에 온 것 같은 느낌이 든다고 했다. 퇴원 후 이틀간이나 처제가 닭죽을 쒀와 아내를 돌보아 주었다. 아내도 입맛이 돌아온 듯했다. 암 환자는 암으로 사망하는 게 아니라 영양실조로 사망한단다. 경험자에게 들어보니 가지가 입에 당겼다는 이도 있고 김치가 입에 당긴다는 이도 있었다.

아내는 기름에 구운 김이 입에 당기는지 구운 김을 즐겨 먹었다. 지금까지 스스로 음식을 찾는 일이 없었는데 이제 생을 포기하지 않고 용기를 가질만하다는 생각이 들었다. 며칠 후 돌아온 7차 항암주사도 아내가 잘 버텨주었다. 아내는 배고픔을 느끼며 스스로 음식을 찾았다. 물론 아직은 침대에서 화장실 가고 세탁하는 정도지만 음식을 피하지 않으니 희망적이다. 거기다 입맛 없으면 먹을 수 있는 식사 대용 영양식 N카버가 확보돼 있어 조금 안심이 되었다.

그런데 지난밤 아내가 갑자기 복통이 일어나 긴장했다. 이번엔 진통제

먹더니 곧 회복되었다. 1주일 전 실시한 대장검사결과 설명을 듣기 위해 대장 수술한 외과에 가보니 검사 결과도 이상 없다기에 안심했다. 아내가 7차 항암주사 후 계속 복통을 호소하기는 했지만 잘 버텨주었는데 이후 다시 2시간마다 복통이 생겨 아침에 6번째 응급실로 향했다.

응급실에서 피검사와 엑스레이를 찍고 5시간쯤 지나더니 창자가 부었다며 약 처방을 해주고 퇴원 지시가 내려졌다.

퇴원 후 응급실에서 준 약을 계속 복용해도 복통은 멈추지 않았다. 아내는 5일 만에 다시 응급실로 향했다. 5일 전과 동일한 검사를 다시 받고 역시 5시간 만에 퇴원했다. 벌써 7번째 응급실 이용이다.

응급실에서는 소화기 내과로 진료 안내를 해주었다. 그리고 의사가 몸 상태가 안 좋으면 다음으로 미뤄도 좋다 했으나 다음 날은 성치 않은 상태로 8차 항암주사를 맞았다.

그리고 이틀 전 응급실에서 안내한 소화기 내과를 방문했다. 그곳 의사는 십이지장에 궤양이 꽤 크게 발생했으며 진작 자기에게 와야 했다며 늦었지만 잘 왔다고 자신감을 내비쳤다.

그동안 응급실을 복통 때문에 그리 많이 다녔는데 왜 이제야 십이지장 궤양이 확진되었는지 의심스럽다. 여하간 8개월간 약을 먹어야 한다며 약을 처방해 주었고 의사의 자신감 있는 말투에서 나도 안도가 됐다.

유방암센터 진료도 있었는데 초음파 결과 이상 없다며 6개월 후나 방문하라 했다. 아내의 복통은 소화기내과에서 처방해 준 약을 먹자마자 사라졌다. 복통이 없어지니 살만한지 그동안 오던 요양보호사를 중단시켰다. 복통은 사라졌으나 어지럼증과 발끝이 찌릿하다는 증상은 계속 달고 살았다. 그런데 또 마루에서 선 채로 넘어져 뇌진탕이 걱정됐다. 다행히 뼈에 이상은 없는 듯해 며칠 경과를 보기로 하고 진통제만 복용시켰다.

검색해 보니 뇌진탕은 그냥 두어도 2주 후면 사라진다는 반가운 기록이 눈에 들어왔다. 이틀 후 아내가 조금 자신이 있는지 오산까지 가서 지인에게 김치를 사 왔다. 며칠 후 아내가 다시 두통을 호소해 긴장되었지만 이후 두통 증세가 사라지고 뇌진탕은 자연치유 된 듯했다.

9차 항암주사 날이 되었다. 아내는 8차 항암주사 이후 지금까지 잘 버텨주었다. 음식도 제법 잘 먹고 있다. 이제 암 투병의 능선은 넘어가고 있다는 확신도 든다.

그런데 어지럼증이 있으면서도 그 몸으로 어딜 가려고 버스를 타다 어지러워 또 선 채로 넘어져 큰일 날 뻔했단다. 다행히 뒤에서 젊은이가 받쳐주어 사고를 면했으며 차에 탔던 사람들이 모두 놀라 비명을 질렀다 한다. 아찔했던 순간을 잘 넘겼다.

며칠 후 전 직장에서 함께 근무하던 지인의 부인이 66세에 세상을 떴다는 부음이 도착했다. 아내처럼 유방암 진단을 받고 투병 중이라 들었는데 남의 일 같지 않다. 듣자 하니 황달이 간으로 전이된 듯했다. 초로인생이라더니 인생이 백 년도 못사는데 말년엔 병을 달고 사는 모습이 서글프다.

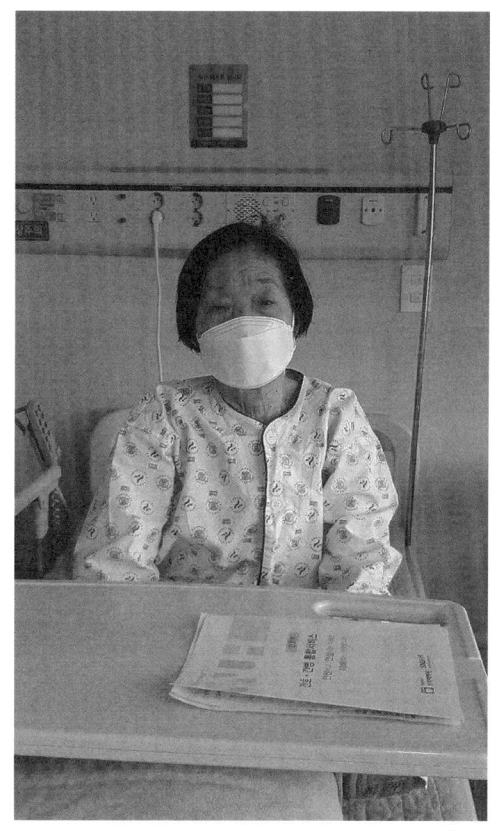

병상의 아내 모습

직장암이 뇌로 전이되다

말로만 듣던 항암치료 과정! 3주마다 꼬박 4시간 동안 누워서 맞는 항암주사! 겪어보지 않은 사람은 정말 그 고통이 어떠한지 모를 것이다. 지나고 보니 처음 2차까지는 수월하게 넘겼고 3차부터 7차까지는 생사를 넘나드는 고통의 연속이다. 간병하는 내가 그럴진대 당사자인 아내의 고통은 어떠했겠는가!

그동안 응급실만 7차례나 갔고 병실에 입원한 것도 3차례였다. 2023년 8월 30일 8차 항암주사 때는 담당 교수가 '힘이 부치면 항암주사를 연기해도 좋다'고 했지만 포기하지 않고 고통 속에 항암치료를 강행했다.

그런데 기적이 일어났다. 항암주사를 4시간이나 맞고 오면 거의 식사를 못 하던 아내였는데, 입맛이 돌았는지 김에 밥을 말아 조금씩 먹기 시작한 것이다. 이때부터 병원에서 음식을 넘기지 못하는 환자에게 먹이는 경관식 N카버도 처방해 주었다. 커피 맛인 N카버를 아내가 즐겨 먹더니 체중도 늘고 얼굴에 생기도 돌았다. 더욱 신기한 일은 지금까지 무더기로 빠지던 머리카락이 전혀 안 빠지는 것이다.

아내는 자신감이 생겼는지 8차 항암치료 후 이틀마다 오던 요양보호사도 끊어버렸다. 그런데 후유증일까? 이제 죽을 고비는 넘긴 듯하나 무릎 통증이 심하다고 호소하며 유방암 수술한 쪽 팔에 림프 부종이 생겼다.

지압도 해주고 붕대로 압박도 해주었지만 답답하다며 몇 시간 지나면 붕대를 풀어버렸다. 그뿐 아니다. 조금만 걸어도 숨을 헐떡거리며 소변을 참지 못하고 흘리는 요실금까지 생겼다. 일시적이긴 했으나 기온이 조금 내려가면 내복을 입고도 춥다며 다리를 떨기도 했다.

3주 후 10차 항암주사를 맞았으나 전처럼 힘겨워하지 않았다. 그 후 4시간 금식하고 검사한 신장내과에서도 극히 정상이라 해 신장내과 진료도 졸업하게 됐다. 다시 3주 후 11차 항암주사를 맞았다. 이날 담당 교수는 1주 전 실시한 CT 촬영 결과 어느 부위는 암세포가 줄었고 어느 부위는 조금 늘기도 했다고 말했다.

전체적으로 이전보다 나빠지지는 않았다며 약 처방을 중단하고 주사도 표적치료제만 쓰기로 했단다. 4시간이나 맞던 항암주사도 2시간으로 줄었다. 아내의 건강도 호전된 모습이다.

앞으로 몇 차례 항암치료가 더 계속될지는 모르지만 이제 희망이 생겼다. 팔에 생긴 림프 부종은 다음 주부터 재활의학과에서 재활치료를 받기로 했다.

아내의 12차 항암주사 일이 돌아왔다. 11차부터 4시간 맞던 주사가 2시간으로 줄었고 아내의 기력도 많이 회복되었다. 혈액종양내과에서 실시한 혈액검사 결과도 양호하다고 했다. 그런데 10일 전부터 아내의 머리 뒤통수에 뽀족하게 조그만 혹이 만져졌다. 주치의에게 보여주니 암은 아닌 것 같다며 피부과로 예약을 해주었다.

1주일 후 피부과에서 조직검사를 하고 또 1주일 후 머리에 CT 촬영을 마쳤다. 13차 항암주사 날, 담당 교수는 심각하게 말했다. 아내의 머리 뒤통수에 난 종양은 조직검사 결과 직장암이 전이된 것이라 했다. 그리고 종양은 더 큰 놈이 며칠 사이에 둥그렇게 다시 생겨나 있었다. 담당 교수는 주사약을 바꿔야 한다며 주말에 입원하라는 결정을 내렸다.

2023년 12월 중순 영하 12도의 날씨에 바람마저 심해 더욱 스산하던 저녁나절 아내의 소지품을 챙겨 병원으로 향했다. 아내의 뒤통수 종양은 그사이 더 커져 있었다. 아내를 입원실에 홀로 남겨놓고 무거운 발걸음을 옮겼다. 이후 아내는 병원에서 검사만 계속 받다가 4일

만에 결과가 나올 때까지 가퇴원했다. 이번엔 건강보험 대상이 아니어서 검사비만 125만 원이 나왔다.

병원의 연락을 받고 아내는 항암주사를 맞기 위해 2박 3일 일정으로 첫 입원을 했다. 지난번 입원하며 4일간 검사한 결과는 대장암에서 폐와 뇌로 전이됐으며 머리 뒤통수의 종양은 수술 없이 항암제를 바꿔 치료한다고 했다.

코로나가 진정돼가고 있건만 대학병원은 해제가 안 됐다며 인근 내과에서 5만 원 주고 검사를 받게 했다. 아내는 혈관이 약해 목 밑에 구멍을 내어 그곳으로 주사약을 투입하는 시술이 진행되고 뼈 스캔도 해야 하므로 첫 입원은 3박 4일 일정이 되어버렸다.

퇴원 전날 주치의가 당부 전화를 해왔다.
"아내분은 뇌전이 상태로 항암주사약을 바꾸었으나 성공률이 40% 정도입니다. 퇴원 후에는 면역력이 저하돼 감염되지 않도록 각별하게 주의해야 합니다."

3박 4일 주사를 마치고 아내가 토요일 늦게 퇴원했다. 퇴원 후 목 밑 가슴부위에 생긴 수술 자국을 집에서 매일 소독하는 일은 내 의무가 됐다. 새해가 밝았지만 내 마음은 어둡고 우울하기만 하다. 젊어서는 해돋이 보려고 설레기도 하고 제야의 종소리를 듣겠다고 밤늦게 TV 앞을 떠나지 않았는데. 이해는 정초부터 다시 아내의 암과 전쟁이 시작됐다.

혈액종양내과의 진료를 마치고 입원 절차를 밟았으나 병실이 없어 오후 1시가 되어서야 겨우 제2차 항암치료를 위한 입원 절차가 진행됐다. 아내는 밤 11시가 다 돼 2박 3일간 항암주사를 마치고 퇴원했다. 첫 회는 수월하게 잘 견디더니 이번엔 10분마다 전화를 해왔다. 바로 옆 침대의 환자가 죽어 나갔다 한다. 그 소리를 듣고 집에 있던 나조차 머리칼이 곤두섰는데 곁에서 느끼는 아내의 심정은 오죽했을까!

2차 항암은 표적치료제가 들어가 얼굴에 여드름 같은 종기가 난다며 동의서를 받았는데 1주일쯤 되니 아내의 얼굴에 증상이 나타나기 시작했다. 입안이 헐고 콧등에 뾰루지가 나고 콧속이 헐고 눈 주위가 짓무르고 거기다 가려움증과 화끈거림과 통증으로 견디기 어려운 나날이 지속됐다.

주치의는 효과가 신속하다며 희망적인 말을 했으나 당하는 환자의 고통이야 어찌 말로 표현할 수 있겠는가!

다시 아내의 3차 입원 항암치료 일이 도래했다. 담당 교수는 피부발진과 가려움증은 역시 항암주사 효과가 신속하기 때문이라며 안심시켰다. 아내는 이번 3차 입원 항암 때는 잘 견뎌주었다. 집에 전화도 뜸했다.

퇴원할 때 피부과 연고를 꽤 많이 챙겨주었고 다음 4차 입원 항암 때는 피부과 진료도 예정되어 있단다. 다음 주 초에는 CT 촬영과 뼈 스캔이 예약되어 있고 혈액종양내과와 피부과 진료 후 2박 3일의 고통도 다시 아내를 기다리고 있다.

암과의 사투는 정말 힘들고 눈물겹다. 돌이켜보면 2년 전 아내의 항문에서 시작된 직장암이 너무 늦게 발견돼 이미 4기에 달했고, CT 촬영 결과 폐에도 원발 암이 발견돼 우선 폐암부터 3cm를 절제해 냈었다. 그 후 21회나 방사선 조사를 하며 용종(茸腫)을 줄여 암종을 제거했으나 용종(茸腫)이 항문에 가까이 있어 인공항문을 달아야 했다.

이 정도만 해도 아내는 식욕을 잃고 죽지 못해 살아가는 듯한 고통을 감내했으나 통원 치료가 없는 날은 시장도 다니고 친구도 만나며 일상생활은 평소처럼 지탱해 왔었다. 그런데 1년쯤 지나 유방으로 전이된 흔적이 발견돼 우측 유방을 가차 없이 도려내고야 말았다. 항문이 폐쇄되어 인공항문을 사용하고 여인으로서의 아름다움을 던져버리는 유방 제거 수술까지 아내는 정말로 2번이나 이승과 저승을 넘나들며 기진맥진한 상태가 되었다.

유방 제거로 끝나는가 했는데 아내의 치료 담당 교수는 혈액종양내과 교수로 옮겨졌고 다시 3주에 한 번씩 무려 4시간 가까이 항암주사를 맞는 고통이 다시 찾아왔다. 항암주사는 2차까지 무난히 잘 넘겼는데 3차부터는 병에 굴복하고 말았다.

3차부터 7차까지 3개월간 무려 5회나 응급실에 실려 갔다가 며칠 입원 치료를 받고 퇴원했다. 아내는 식욕을 거의 잃고 병원에서 처방해 주는 경관식만을 먹으며 버텨냈다. 그러다가 8차부터 아내가 포장된 광천김을 먹기 시작하며 차츰 식욕을 되찾았고 12회까지는 정상 활동을 이어갔다.

그런데 12차가 끝날 무렵 아내의 뒤통수에 조그만 혹이 만져지기 시작했고 혹은 얼마 후 더 큰 놈이 생겨났다. 담당 교수는 조직검사를 의뢰했고 직장암이 뇌로 전이된 결과로 드러났다. 결국 세포독성 암 치료제는 12회로 마감하고 13차부터는 항암주사약을 바꾸어 표적치료제가 투입되었다.

말할 수 없는 고통, 표적치료

12회까지는 3주에 1번씩 4시간 동안 항암주사를 맞았다. 이 정도도 귀찮고 번거로웠는데 표적치료인 13차부터는 아예 2박 3일 입원해서 46시간 계속 항암주사를 맞는 방식으로 바뀌었다.

역시 이번에도 2회까지는 잘 견뎌냈다. 하지만 3차가 끝나고 아내는 다시 생사를 헤매는 날의 연속이 되고 말았다. 얼굴은 물론 손과 발에 어루러기가 돋아나고 뒤통수의 혹은 줄어들지 않고 정말 죽을상이 되어버렸다.

아내가 3차 입원 치료를 마치고 퇴원했으나 이때부터 입맛이 없다며 식사를 거의 외면했다. 한주의 일과를 마치고 퇴근하니 아내의 장루가 터져 거실이 온통 똥물 천지가 되고 이부자리와 아내가 입고 있던 옷가지가 흉물스럽게 변해 있었다.

아내는 탈진해서 계속 물만 마시더니 다시 토하기 시작했다. 겁이 나서 응급실로 가려 했으나 아내는 현관 앞에서 쓰러져 꿈적도 안 했다.

급히 인근에 사는 두 딸을 호출했지만 역시 이동에 한계가 왔다. 급히 119를 불렀다. 밤 11시였다. 고맙게도 119는 10여 분 만에 도착했고 아내는 119에 실려 보라매병원 응급실에 도착했다.

피검사와 소변검사 그리고 엑스레이를 찍어보더니 신장이 극도로 나빠졌다며 바로 입원이 이루어졌다. 다음 날 새벽 간호간병 통합병동에 아내를 맡기고 병원문을 나섰다.

그 후 아내는 꼬박 1주일간 병원 신세를 졌다. 1주 후 퇴원 지시가 떨어져 병원에 도착했으나 아내는 걸음도 제대로 못 걷고 탈진해 있었다. 1주일간 병원 신세를 졌는데 달라진 게 없는 듯하다.

아마 다음날이 설날이므로 환자들을 모두 내보내는 듯했다. 설날이 되었으나 차례는 엄두가 안 났다. 아내는 음식을 먹으면 곧장 장에서 흡수하지를 못해 물찌똥을 쏟아냈다.

설 연휴 4일간 나는 꼬박 아내의 곁을 떠나지 않고 아내의 대소변을 받아내는 일에 전념했다. 아내의 기력은 거의 회복되지 못하고 물 이외엔 먹지도 않고 그 외 음식은 먹었다 하면 곧 토해버리며 점점 까무러쳐 갔다.

이러다 생을 마감하는 것은 아닌지 겁이 났다. 설 연휴가 끝나고 인근에 사는 딸들이 호박죽도 쑤어 오고 영양 주스도 만들어 왔다.

아내의 입맛이 조금 돌아온 듯도 하지만 혼자서는 화장실도 못 간다. 내가 잠시 자리를 비운 사이 다시 장루(腸瘻)가 터져 집안을 엉망으로 만들어 놓기가 일쑤였다. 80이 된 나이에도 아직 아파트소장이라는 직책을 유지하며 살아가고 있지만 이제 직장을 내려놔야 할 듯하다.

몸도 못 가누는 아내에게 다시 외래 진료일이 돌아왔다. 오전에는 혈액검사와 항문외과를 방문하는데 딸들이 사위와 수고해 주었고, 오후의 피부과는 나와 큰딸이 다시 아내를 수발했다. 화장실도 못 가는데 오늘의 외래진료는 비록 휠체어에 앉아 이동했으나 무사히 끝냈다.

다음 날은 혈액종양내과 외래 진료일이다. 아내는 이날도 내가 집을 비운 사이 혼자 매실즙을 마신다며 일어났다가 매실즙 1통을 모두 뒤엎어 옷을 갈아입고 샤워까지 한 후 병원으로 향했다. 두 딸과 사위와 나까지 온 가족이 아내를 부축하며 총출동했다.

혈액종양내과 교수는 그간의 정황을 설명 듣고는 건강이 회복될 때까지 4차 입원 항암치료를 미루고 오늘은 영양주사를 맞도록 처방했다. 영양주사는 무려 6시간이나 소요돼 오전 3시간은 막내딸이, 오후 3시간은 맏딸이 교대로 번을 섰다. 물만 마시던 아내가 이날은 딸들이 보낸 영양죽을 한 그릇 뚝딱 하고 찐 고구마와 감자도 조금 입에 댔다.

일요일 아침엔 뼈다귀해장국을 입에 댔고 점심에는 된 밥도 먹었다. 그리고 혼자 걷기 시작하며 화장실도 다녀왔다. 비록 비틀비틀하긴 했지만 눈물겨운 순간이었다. 어제 6시간 영양주사의 효험이 나타난 듯하다.

아내는 식사도 못 하다가 겨우 된밥을 먹을 정도가 됐는데 의치가 망가져 치과 신세까지 지게 됐다. 의치의 보정이 완성될 때까지 부득불 경관식인 N카버를 복용할 수밖에 없다. 아내가 요양보호사 쓰기를 꺼려 둘째 딸이 매일 오전 오후 1시간씩 아내의 시중을 들기로 했다. 아들보다 딸들이 곁에 사니 도움이 많이 된다.

2월 하순인데 밤새 꽤 많은 눈이 쌓였다. 서울에 이렇게 많은 눈이 내리기는 근래에 처음인 것 같다. 이런 날씨에 몸도 제대로 가누지 못하는 아내가 밖에 나갔다가 미끄러져 옷을 다 버리고 들어왔다.

다시 항암주사 일이 돌아왔다. 12번의 항암주사가 끝난 후 뇌로 전이된 상태라 표적치료제로 바꾼다며 2주마다 2박 3일 입원해 항암주사를 맞아왔다.
아내가 담당 교수에게 집에서 맞으면 안 되느냐고 의향을 물었을 때 교수는 뜻밖에도 그리할 수 있느냐고 긍정적으로 답변했다. 그날부터 6시간 병원에서 주사약을 투입한 후 집으로 가 46시간을 자가 투입하고 3일째 바늘을 제거하러 가는 방식이었다.

　그런데 산통이 생겼다. 아내가 주사를 맞는 동안 사무실에 가 있었더니 간호사의 호출이 왔다.
　아내가 불안으로 이상 반응을 보이니 보호자가 곁에 있으란다. 나한테 전화했을 때 마침 통화 중이라 연락이 안 되니 딸들에게도 비상을 건 모양이다. 급히 병원에 가보니 둘째가 택시를 타고 나보다 먼저 도착해 있었다. 그날은 이렇게 소동을 벌이며 6시간 항암주사를 마치고 간호사의 지시대로 바늘을 꽂고 집에서 이틀간 주사를 맞은 후 3일째 병원에서 바늘을 제거했다.

　표적치료제의 부작용이 예상외로 컸다. 아내의 얼굴 부위는 물론이고 전신에 가려움증과 발적이 생기고 피부가 갈라지기 시작했다. 아내는 긁느라고 잠을 못 자며 견디기 어려워 신음하는 모습이 곁에서 보기 애처롭다. 보습제로 매일 저녁 정성을 다해 전신 마사지를 시작했다.

　아내가 식사는 곧잘 하는데 누워만 있어서 그런지 아니면 뇌전이 때문인지 걸음을 못 걸어 휠체어를 대여받았다. 아내의 상태는 호전되는 기미가 없다.
　3월 17일부터는 새로운 행태가 나타났다. 소변을 참지 못하고 요에 배설하는 습성이 생겨났다. 기저귀를 채웠지만 요에 배설하는 상황은 지속됐다. 피부는 점점 보기 흉하게 갈라지고 숨소리에서는 쇳소리가 나기 시작했다. 표적항암치료는 2주마다 혹은 3주마다 쉼 없이 계속됐다. 그동안 쓰던 침대를 버리고 전동침대를 임차하고 이동식 변기와 방수포도 새로 샀다.

공휴일이면 아내를 휠체어에 태우고 바깥 구경을 시켰다. 오줌소태는 계속돼 밤에도 두서너 번 깨워 소변을 보도록 습관화하고 있다.
비록 힘들어도 아내의 생명이 연장되기만 한다면 더할 나위 없이 기쁜 일이다.
식사를 잘해서 그런지 항암제의 효과가 있는 건지 이제 가려움증도 해소되고 피부의 상태도 예전처럼 정상적으로 되돌아왔다. 숨을 쉴 때 섞여 나오던 쇳소리도 정상을 되찾았다.

그런데 4월 하순 이날 아침은 마음이 정말 착잡하다. 아내에게 목욕을 시키려고 욕탕으로 안내하려 했으나 아내가 나를 알아보지 못하고 엉뚱한 소리를 해댔다. 남편을 못 알아보다니 정말 야속하다. 아내의 이상 상태는 점심때가 되면서 정상으로 돌아왔다.
퇴근해서 아침나절 상황을 설명하니 미안하다며 사과했으나 당시의 정황을 아내는 기억하지 못했다. 벌써 아내가 투병 생활을 시작한 지 2년하고도 4개월이 지났다.

임종으로 가는 길

2024년 4월 22일 월요일이다. 아내에게 소변을 가누지 못하는 증세가 새로 생겨났다. 이동식 변기가 바로 곁에 있는데도 이동 중 오줌을 바지에 싸서 몇 벌이나 버려놓았다. 소변 지리는 증세는 곧 사라지고 며칠간은 정상이 유지되며 식사도 잘했다.

이후 아내는 곁에 사는 둘째 딸과 점심식사 후 휠체어 타고 바람을 쐬며 조금 호전된 모습을 보였다. 걸음걸이가 넘어질 듯 넘어질 듯 위태위태했으나 이동식 변기 대신 걸어서 화장실도 가고 세탁도 하고 음식도 만들었다. 식사도 곧잘 했다. 휴일엔 내가 아내를 휠체어에 태우고 집 주변도 돌고 멀리는 안양천까지 나가기도 했다.

아내도 즐거워했다. 놀이터에 가서 운동기구도 태우며 제법 희망을 싹틔웠다. 그동안 생기가 돌던 아내의 건강 상태가 나빠지는 조짐을 보였다. 걸음걸이가 상당히 힘들어 보였다. 귀로 듣는 것도 전만 못하고 목소리도 어눌해져 무슨 소리인지 분간하기 어려울 정도로 변했다.

사흘 후 20차 항암주사를 맞고는 아내의 거동 상태가 조금 나아졌다. 그러나 소변을 참지 못해 바지에 지리는 현상이 또 시작됐다. 멀쩡한 전기요를 세탁기에 넣어 돌리기도 하며 남편인 나를 바라보고 아주머니란 칭호도 사용하며 치매 증상도 생겨났다. 머리 뒤통수에 생긴 종양은 눈으로 보아도 점점 커지고 있다.

하루는 딸들이 아내를 태우고 안양유원지에 가서 식사하고 왔는데 아내가 고기를 맛있게 잘 먹더라고 전화했다. 그러나 아내는 그날 점심 후 밥맛이 없다고 식사를 외면하기 시작했다. 아내의 외면에도 불구하고 나는 맛있는 음식을 만들어 억지로라도 먹게 하려고 노력했다.

아내는 이동식 변기 사용도 여의치 못한 상태로 상황이 나빠지고 있다. 이동식 변기가 곁에 있지만 그곳까지 채 다가가지 못한 상태에서 소변이 새어 나와 방바닥으로 소변이 흐르는 정황이 며칠째 계속됐다. 휠체어를 타고 내리거나 침대에 오르내리지도 못해 내가 안아서 옮겨주는 상황이 되었다. 내 허리가 시큰거릴 정도다.

제21차 항암주사 날이다.
아내를 침대에서 휠체어에 태우려 했으나 아내의 몸이 처져 도저히 혼자서 이동시킬 수 없었다. 곁에 사는 큰딸을 호출해 함께 부축해 보라매병원까지 간신히 이동했다. 이날 의사의 입에서 예기치 않은 선고가 튀어나왔다. 아내의 체력상 더 이상 항암치료가 불가능하다는 것이다. 여생을 물어보니 2개월이라 했다.

그러면서 앞으로 중환자실로 가고 심폐소생술을 할 상황이 오고 목에 구멍을 내는 상황이 오며 아무런 의미가 없으니 나가서 사전연명의료의향서를 쓰고 가란다. 각오는 하고 있었으나 머리가 멍해지고 아찔해졌다. 의사에게 영양제 처방만 받아 5시간 주사 후 병원을 나왔다. 인생의 종말이 이렇게 쉽게 다가오다니…!

아내는 저녁을 외면하고 아침도 N카버만 마시고 말았다. 다음날은 점심에 국을 끓여 먹게 한 후 둘째가 운영하는 카페에 가서 커피도 한 잔 마시고 왔다. 영양제 주사 맞은 효과가 조금은 있는 듯하다.

앞으로 2개월이라! 아내는 그때면 아니 그전이라도 이승의 인연도 나와의 인연도 모두 끝날 것이다.

나는 이제 어찌해야 하나? 어찌해야 하나?

2주 전 금요일 담당 교수가 아내의 여생이 2개월이란 말을 꺼냈을 때 참으로 암담했다. 혼자 사는 노인 가정이 주변에 널려있으나 지금까지는 남의 일일 뿐이라고 마음에 담아두지 않았다. 그런데 현실이 나에게 다가오고 있다. 이미 80의 문턱에 있고 예전 같으면 이미 숨이 끊어졌을 나이인데 앞으로 더 살 걱정을 하고 있으니 어쩌면 행복한 고민이다. 담당 교수는 매일매일 상태가 점점 더 나빠질 것이라 했다. 아내의 상태는 담당 교수의 말처럼 하루하루 내리막길로 향하고 있다.

　겨우 전기밥솥에 밥이나 할 정도의 실력이었는데 요즘은 아내 덕분에 설거지는 기본이고 세탁기도 돌리고, 빨래도 해서 널고, 물김치도 담가보고, 국도 끓여보며 주부 노릇을 독특히 하고 있다. 아내가 없는 상황에서 아무것도 할 줄 모르는 내가 걱정되어 아내가 이렇게 나에게 가사 실습을 시키고 있는가 보다.
　'아내 수발이 얼마나 힘드냐!'고 주위에서 모두 위로를 하지만 나는 아내가 숨을 쉬고 있는 한 정말이지 조금도 힘들거나 짜증이 나지 않는다.

　때마다 몸을 가누지 못하는 아내 입에 음식을 넣어 주며 흔쾌히 먹는 모습을 보면 고맙기도 하지만 때로는 입을 다물고 아무것도 받아들이지 않으려 해서 야속한 적도 많다.
　아내의 상황은 수시로 바뀌며 좋아졌다가 나빠졌다를 반복했다. 어느 때는 나에게 고맙다고도 하고, 어느 때는 아주머니라며 못 알아보기도 한다. 어느 때는 하루에 기저귀를 예닐곱 번 갈아야 하지만, 어느 때는 하루 종일 소변을 거의 안 보기도 한다.

　임종이 다가오면 숨이 거칠고 힘들어하며 눈동자가 풀리고 물도 못

넘긴다. 아내는 가끔 식사하다 눈을 감고 고개를 떨구었다. 그럴 때마다 긴장되고 겁이 났다.

'혹시 잘못되는 건 아닌가?'

며칠 전엔 홍대 다니는 외손자가 아내의 사진을 확대해 영정사진을 그럴듯하게 만들어 보냈다. 춘천 사는 아들 내외도 손자들과 함께 주말마다 의무감을 가지고 찾아와 아내의 얼굴을 보고 간다. 안산 사는 처제도 그제와 오늘 두 번이나 다녀갔다. 주변에서 이렇게 노심초사하고 있는데 아내는 여생이 얼마나 남았는지 알고는 있는지…?

지난 5월 24일 혈액종양내과 담당 교수의 선고 이래 갑상선과 나 소화기내과, 흉부외과와 일반외과 등 협업치료부서의 예약은 기일이 다가올 때마다 취소하고 있다. 병원을 가는 게 무의미해진 상황이기 때문이다.

아내의 숨이 멎지 않는 한 나는 평일 아침이면 8시에 아내를 홀로 두고 출근 대열에 합류한다. 가까이 사는 딸들이 11시와 오후 3시에 아내의 식사와 약을 챙기고 기저귀도 갈아 주고 간다. 퇴근 이후 6시부터 아내의 수발은 내 몫이다.

사는 게 뭔지? 이런 와중에 틈틈이 써온 블로그 중 60편을 뽑아 책을 냈다.

〈인생의 황혼기, 그 빛과 그림자를 담다〉라는 제목이다.

어제 서점 등록이 끝나고, 나도 18,000원짜리 내가 쓴 책을 교보문고에 인터넷으로 주문해 봤다. 일주일 후 배송된다고 한다. 그나저나 아내의 여생이 두 달 남았다 했고 이미 그 8주 중 2주가 지났다. 아내의 숨소리를 들을 날도 이제 얼마 안 남았구나!

몇 년 전 모임에서 상처한 선배가 자신의 아내에게 "사랑해, 여보!" 하고 말하지 못한 걸 무척 후회한다고 했다.

그 선배의 말이 떠올라 나도 그 선배의 말을 가슴에 새기고 출근할 때면 아내의 귓가에 대고 "사랑해, 여보!"란 말을 실천하고 있다.

황천행 열차에서 아내를 배웅하며

 안산으로 이사한 처제가 불편한 다리를 지팡이에 의지하며 간신 간신 걸으며 그 몸에 닭 1마리 사 들고 와 푹 고아 놓고 갔다. 아내를 휠체어에 태우고 딸 가게에 가서 딸기라떼 1잔씩 팔아주고 왔다.
 죽어 가는 내 몸 걱정에 앞서 가게 차려놓고 고전하는 딸내미 걱정이 태산이다. 그게 부모 마음이다. 점심엔 죽을, 저녁엔 닭죽에 가슴살을 뜯어 수저에 올려주니 맛있게 잘 먹는다. 눈물 날만큼 고맙다. 잘 먹어주어서!

 아내의 지도를 받으며 물김치를 담가 보았다. 어제는 잘 먹어주어 고맙게 느꼈는데 오늘은 입을 굳게 닫고 음식을 외면한다. 의정부 사는 사촌 처제가 문병하러 오고 춘천 사는 아들 가족도 도착했다.
 비록 몸은 괴롭고 견디기 어렵겠지만 아내의 황천행은 외롭지 않아 보인다. 의정부 처제가 거금 30만 원을 봉투에 담아 주고 갔다.

 내가 봉투를 주머니에 넣으려 할 때 아내가 달라는 눈짓을 했다. 아내는 그 자리에서 아들한테 10만 원, 며느리한테 5만 원, 둘째한테 10만 원, 첫째한테 5만 원씩 차등을 두어 나누어 줬다. 아내의 마음이 담긴 의미 있는 공평한 분배 모습이 느껴진다.

저녁은 의정부 처제가 가져온 죽 한술 먹고 곧 입을 닫았다.

전날과 달리 아내가 아침을 잘 넘겼다. 죽도 먹고 닭고기도 먹고 N카버도 먹고 참외도 맛있게 잘 넘겼다. 사무실에서 스마트 홈으로 아내의 모습을 관찰하니 딸 둘이 열심히 아내의 옷을 갈아입히고 있다.

아침에 맛있게 먹은 음식을 모두 토해 옷은 물론 이불과 요를 모두 걷어 빨았단다. 퇴근하면서 사진관에 아내의 주민등록증을 내밀고 영정사진을 7만 원 주고 주문했다. 저녁은 음식을 외면하고 입을 닫아 버렸다. 이별의 순간이 째깍째깍 다가오고 있다.

아침엔 입을 닫고 음식을 안 받아 가까스로 N카버만 반 봉지 먹었다. 점심엔 죽과 토마토 주스를 잘 먹었는데 저녁엔 또 입을 굳게 닫아 버렸다. 하루에 한 끼라도 받아 먹어주니 이승에서 머무는 시간이 다소나마 길어지지 않을까 소망해 본다.

아내의 임종 일부터 역산해 보니 임종 15일 전이다.
아내는 아침을 전혀 안 먹고 점심에만 죽 두어 숟갈과 참외 한쪽 먹었다. 저녁엔 물 한 모금도 안 마셨다. 오늘도 하루 한 끼는 입에 넣은 셈이다. 사진관에서 영정사진을 찾아왔다.

다음 날도 아침을 외면하던 아내가 매실즙으로 입을 축여주니 입을 벌린다. 그리고 의정부 처제가 가져온 영양죽을 꽤 많이 먹었다. 점심엔 라떼를 마시더니 저녁엔 또 입을 봉했다. 커피가 식욕을 조금 돕는 듯하다. 밤 11시 잠이 깬 아내가 죽과 매실즙을 조금 입에 넣었다.

다음 날도 아침엔 매실즙과 죽 몇 숟갈, 토마토 주스를 마셨다.

점심도 죽을 조금 먹고, 저녁도 죽과 토마토 주스를 마셨다. 오늘은 삼시 세끼를 조금씩 다 받아먹었다.

D-12일
아침과 점심은 주는 대로 잘 먹었다. 저녁엔 라떼만 3분의 2쯤 마시고 끝냈다. 오늘도 삼시 세끼는 모두 먹었다. 조금씩이라도 굶지 않고 먹어 아내의 얼굴에 생기가 도는 듯했다. 아내의 혈액순환에 도움을 주려고 발바닥을 채로 두들겨 주었다.

D-11일
아내가 삼시 세끼 거르지 않고 잘 먹었다. 식사를 잘 해주니 안도감이 든다. 춘천의 아들 가족이 다녀가고 6촌 아우도 문병하고 갔다. 아우가 30만 원을 내놓고도 손자 3명에게 각각 5만 원씩을 또 풀었다. 어디 문병 가기도 주머니가 얇으면 힘들겠다.

D-10일

아내는 식사량이 극히 소량이지만 세끼를 거르지 않았다. 의식도 아직은 또렷하다.

D-9일

오늘도 아내는 소량이지만 세끼를 모두 잘 넘겼다.

D-8일

아내가 아침엔 물 한 모금도 안 마셔 걱정하면서 출근했다. 점심때 딸 둘이 와서 아내에게 목욕을 시켜주었다. 저녁엔 남은 죽과 당근즙을 조금씩 먹고 수박도 잘게 썰어 입에 물려주니 맛있게 먹었다.

아내의 유택을 마련키 위해 6촌 아우와 당질이 선산에 수목장으로 적합한 곳을 물색하고 사진을 보내왔다.

D-7일

아내의 상태가 현저히 나빠지고 있다. 어젯밤에는 두 번이나 배가 아프단 신호를 해 진통제를 먹었고, 그제도 한번 잠이 깨 진통제를 먹였었다. 엊저녁은 눈동자까지 동공이 커져 긴장했다. 매일 아침 하던 산책을 중단하고 집안에서 아내의 동태를 살폈다.

D-6일

아침 7시, 아내가 눈을 감고 아무것도 안 먹으려 하더니 8시쯤 입을 열어주었다. 수박과 죽과 커피와 참외, 토마토 주스를 골고루 먹어주었다. 조금 안도가 된다. 아내를 혼자 있게 하는 게 마음에 걸려 내가 없는 동안 딸들이 자주 곁에서 보살피게 했다. 저녁에 아내는 수박과 토마토 주스만 조금 먹고 말았다. 아내의 겨울 옷가지를 재활용장에 버리고 도자기류도 돈을 주고 버렸다.

D-5일

춘천 사는 아들 가족이 다녀가고 딸들과 사위와 대학 다니는 손자도 다녀갔다. 아내가 배내똥을 싸기 시작했다. 아내가 다른 음식은 외면하나 수박은 받아넘기고 있다.

D-4일

오늘은 아내가 수박, 참외, 토마토 주스와 영양 음료 등 세끼를 모두 거르지 않고 받아넘겼다. 문간방에 발 디딜 틈 없이 걸려 있던 아내의 옷가지를 거의 아파트 옷 수집함에 투입했다.

D-3일

아내가 아침을 잘 넘겨 맘 놓고 출근했다. 딸 둘이 아내의 곁을 비우지 않고 지켰다. 아내의 남동생 내외도 처음으로 다녀갔다. 대학 다니는 외손자가 방학을 맞아 아내 곁에 상주하며 밤을 새워 주었다. 아내의 호흡이 갑자기 바빠지고 위기상태가 고조되어 오늘을 넘길 수 있을지 걱정됐다. 자식들에게 비상을 걸어 모두 모이게 했다.

D-2일

새벽 2시경 아내의 숨소리가 안정돼 아들딸들은 모두 철수했다. 외손자와 둘이 밤을 지새웠다. 사무실의 급한 용무만 마치고 바로 퇴근해 아내 곁을 지켰다. 아내는 1분마다 고통스러운 호흡을 이어가며 물 한 모금도 넘기지 못했다. 배내똥은 오늘도 계속됐다. 외손자가 밤을 꼬빡 새며 나 대신 아내의 곁을 지켜주었다. 아내의 몸에서 땀이 솟고 손과 팔이 축축해졌다.

D-1일

외손자 덕에 간밤은 맘 놓고 잘 잤다. 출근해 급한 용무만 마무리하고 바로 퇴근했다. 딸들이 위기의식을 가지고 아내의 곁에서 긴장하며 시간이 흘렀다. 오후 6시부터 아내의 심호흡이 계속되더니 목 쪽에서 경련이 시작되고 눈까지 경련이 왔다.

가족들을 다시 비상소집했다. 곁에 사는 딸들은 곧 달려왔으나 춘천 사는 아들 가족은 시간이 걸렸다. 아내의 수명이 경각에 와 있음을 직감했다. 아내는 가쁜 숨을 몰아쉬며 겨우 자정을 넘겼다.

00시 45분 아내가 마침내 영영 숨을 거두었다. 춘천 사는 아들 가족은 10분 후에 도착했다. 112에 신고하니 국과수와 관할 경찰서 형사가 출동해 감식을 마치고 미리 정한 장례식장에서 구급차를 보내주었다.

이틀 후 황토 함에 담긴 아내의 유골은 6촌 아우와 당질이 미리 정지해 놓은 수목장 예정지에 묻히며 한 많은 여생을 마감했다.
"개똥밭에 굴러도 이승이 좋다."며 생전의 아내는 늘 상 나한테 말하곤 했는데 아내의 염원과는 달리 아내는 개똥밭만도 못한 저승살이를 위해 영영 떠나버린 것이다.

홀로서기

아내가 곁을 떠난 지 1년을 막 넘어섰다. 55년을 다투며 살아왔으나 막상 훌쩍 저세상으로 떠나고 나니 마음의 안정을 찾기 어렵다.

"그동안 아내한테 잘못한 것만 생각나지?"

지인들은 충고 같은 말을 내 귓가에 남기곤 했다. 사실 난 뻔뻔하다 할지 모르겠지만 그런 생각이 안 든다. 나는 아내가 투병 중이던 2년 6개월간 최선을 다했다고 생각한다. 아내가 없는 빈방에 아내의 평소 사진을 걸어두고 아침저녁 문안을 올려왔다.

병원에서 영면한 것이 아니고 내 집에서 마지막을 보냈기에 아내의 흔적은 아직도 집안 곳곳에 남아있다. 자녀와 외식할 땐 왈칵 울음이 치솟아 감정을 자제하지 못한 적도 있다. 곁에 있을 땐 느끼지 못했던 정황이다.

아내의 사십구재 날 수목장한 곳이 맘에 안 들어 바로 옆 넓은 공간으로 옮겼는데 화장한 아내의 유골은 이미 흙과 섞여 형체가 사라졌다. 살아 숨 쉬던 육중한 몸체는 어디로 가고 흙과 뒤범벅이 된 유골 가루만 눈앞에 놓여있다.

아 아~, 인생이란 정말로 보잘것없는 하찮은 존재다.

죽으면 모두 이리되는데 몇백 년 살 것처럼 서로 헐뜯고 비난하는 걸 보면 정말 바보스럽단 생각이 든다. 특히 정치권 사람들, 제정신으로 돌아왔으면 좋겠다.

처음 상을 당했을 때는 정황이 없었으나 아내의 산소 자리를 조금 정화하고 싶어졌다. 와비(臥碑)도 주문하고 잔디도 입히고 내가 들어갈 자리도 아내 곁에 표시해 두고 내 비석도 함께 만들어 놓았다. 죽어서 갈 자리가 정해지니 내 마음이 홀가분하다. 자녀들은 살아있는 나의 묘비를 보고 어리둥절했을지 모른다. 그러나 이런 나의 행위야말로 사후에 자녀들의 손을 덜어주는 일 아니겠는가!

아내가 떠나고 두 달간은 멍때리는 기분으로 의미 없이 흘러갔다.

두 달쯤부터 몸에 이상 반응이 오기 시작했다. 먼저 오른쪽 고관절이 당겨오며 통증이 왔다. 운동을 하고 별짓을 다 해도 통증이 멎지 않았다. 매일 3만 원씩 주고 지압원에서 침과 지압 치료를 받았지만 호전되지 않았다.

며칠 더 지나니 이번에는 피부에 가려움증이 생기고 긁으면 부풀어 오르기 시작했다. 가려움증은 밤이면 더더욱 심해 밤잠을 설치는 일이 잦아졌다.

가려움증! 겪어보지 못한 사람은 모르리라! 차라리 통증이 있는 것만도 못하다는 생각이 든다. 또 시간이 흘렀다. 이번에는 식사 중 왼쪽 어금니가 시큰했다. 치과에 가보니 어금니 두 개에 실금이 갔단다. 갈아내고 씌우는 데 150만 원이 들었다. 비보험이라서 임플란트보다 훨씬 비쌌다.

2년 전 백내장 수술한 왼쪽 눈이 흐릿해 때가 낀 것을 레이저로 쪼이려고 안과에 가보니 이건 또 무슨 변고인가! 안압이 치솟고 눈에 염증이 생겼다며 진작 내원하지 않았다는 의사의 핀잔이다.

안압 내리는 처방을 받고 1주일간 열심히 투약하니 안압은 정상으로 돌아왔고 염증도 사라졌다. 또 고관절 통증도 아침마다 안양천에 나가 운동기구를 이용 몸을 단련한 끝에 말끔히 사라졌다.

얼마 전 내 팔순이 돌아왔다. 아내와 생일도 비슷하다. 애들이 태안반도에 펜션을 예약해 놔 주말 아들, 딸, 손자들과 묵은 때를 벗어던지고 팔순의 추억여행을 다녀왔다.

팔순 나이에 아직 직장의 굴레를 못 벗고 있는데 사업 수행 능력 평가 결과가 우수하게 나와 앞으로 2년을 더 근무하게 됐다.

이런 경사에 아내가 생존해 있다면 얼마나 기쁠까?

추억 여행을 하던 그날도 아내 생각에 왈칵 눈물이 쏟아지려 했었다.

비록 아내 없는 세상이지만 얼마 남지 않은 생애를 보람 있게 마무리하기 위해 건강을 지키며 더 열심히 발자취를 남기고 싶다.